THE BEGINNER'S
GUIDE TO RUNES

初學指南

盧恩符文

喬森・西蒙 著

部一／盧恩符文的起源

第一章 盧恩符文

第二章 盧恩知識

部二／盧恩法事

第三章 盧恩符文占卜

第四章 盧恩法術

部三／盧恩符文的意義

第五章 弗瑞雅族

第六章 海姆達爾族

第七章 提爾族

導論

　　每個人發現盧恩符文的機緣都不一樣。我們從各種職業崗位上，因種種原由邂逅盧恩符文，但其中有一個眾人皆然的原因，就是我們都受到盧恩符文奧祕的吸引。我們都想經由盧恩符文了解宇宙，了解宇宙之內的各種力量，同時了解我們自己。不論你是跟著你的阿公阿嬤學的，還是自己看書，這一本指南都能夠幫助你清晰扼要地了解盧恩符文。

　　我是先從自己的DNA檢測之後發現盧恩符文，做那一次DNA檢測之前，我對自己的祖先毫無所知。但是檢測之後，發現原來我主要是北歐人的後裔，我是北歐人（Nordic）和凱爾特人（Celt）的強勢混合種。這個事實，加上做DNA檢測後得知的種種資訊，促使我開始研究我的家族史和族譜。發現的種種使我對其更加嚮往神迷，而我在研究自家家族背景時，邂逅了盧恩符文。當時，我一看到它，就有一種似曾相識的感覺。它像是失聯已久的親友一般吸引著我。不論是出於文化的連結，還是受到了其奧祕的吸引，我希望每個人都可以了解盧恩符文的祕密。

　　有趣的是，我追尋歷代祖先之時，發現我的Simonds（賽門茲）這個姓氏是從Sir Richard Fitz-Simon（理查·菲茨賽門爵士），也可以說是Son of Simon（賽門之子）衍生出來的。理查·菲茨賽門爵士是嘉德騎士（Knight of the Order of the Garter），是艾莉諾·普蘭塔傑涅特（Eleanor Plantagenet）的曾孫。根據

記錄古英國人或盎格魯薩克森人族譜的《盎格魯薩克森編年史》（Anglo-Saxon Chronicle）記載，普蘭塔傑涅特家族，以及另外幾個王室家族，是沃登（或稱「奧丁」）（Woden or Odin）的後裔。沒錯，家父的家族正是由這一位大流浪者流傳下來的一個王氏家族。不論歷史上是不是真的有這個人（有人說有），都令人不禁神往；特別是我又是在沉浸於盧恩符文很久之後才發現這個事實的。

　　追尋祖先、探索族譜是一趟長遠而曲折的旅程。我通過這個旅程最後來到了目前的「靈媒」職業。我做一對一「解讀」（reading）之時會用盧恩符文幫助我和學員身邊的能量及神靈接通。我完全信任我的祖先以及盧恩符文幫助我發掘到內在的天賦，就如同當年奧丁在命運之井（Well of Wyrd）發掘出這些符文一樣。

　　盧恩符文源遠流長，直到今天仍然適用。它是幫助我們和宇宙能量連結的符號和工具，能夠讓我們了解生命的奧祕。我希望盧恩符文能夠幫助你發覺自己內在的天賦，不管那是一種直覺力、技藝、技能，或是已經在你心裡休眠很久的什麼東西都可以。

　　我的盧恩符文學習方法是每天早上都研究一個盧恩文字，晚上就做筆記，把當天從各種出處讀到的該字主題寫下來。寫完這一部分，我會開始記述當天的心得以及感受：這些感受有的是字面上的，有的卻是類比性的。這讓我有機會注意到當天的各種細節。我相信這種做法能夠訓練我的直覺力，因此我鼓勵大家都做這種功課，隨時利用這本指南進行盧恩符文之旅，無論白天或是

晚上，隨時做筆記，把符文顯示給你的訊息記下來。善用盧恩符文的關鍵是和它建立關係，找出它會用什麼樣態向你顯示訊息。

這本指南是寫給初學者的。盧恩符文有很多很寶貴的資料，我希望這本書能夠作為你的起點，但是你會一次一次回頭複習。你會在本書當中讀到盧恩符文的歷史，對符文每一個字母深入的解讀，以及占卜、法術上的用途。

不過，最重要的是，我希望盧恩符文能幫助你認識自己。

善用本書

你手上這本「指南」是經年累月研究及經驗的結晶。要了解盧恩符文，必須長期持續不懈探索其奧祕，但是要謙卑承認我們永遠無法了解其廣大有力，以及層次繁複的意義，然而還是要保持一份好奇心、一份動力，盡力去理解。

本書分為三個部分：第一部分我們將會發現盧恩符文的起源，學習盧恩符文到底是什麼、探索各種盧恩符文，跟著奧丁走一趟當初把符文帶回來給我們的旅程；第二部分，我們將要學習一些藉由盧恩符文進行的法事，包括占卜、法術。從製作屬於自己的一組盧恩符文，到引介不一樣的牌組（spreads），這一部分將是你展開符文之旅之後常常會用到的資源。

第三個部分應該是本書當中你會最常造訪的部分，尤其是你開始擴大研究盧恩符文之時，更是會常常用到這一部分。你會在這裡發現弗瑞雅族（Freya's Aett）、海姆達爾族（Heimdall's Aett）、提爾族（Tyr's Aett）三個字母群組，每一個群組包括八個字母。每一個符文都會有一份指南告訴你如何發音，放在一些符文詩中時分別是指什麼東西，還有與其相關的關鍵字和定義。

這一本指南立意要做的是：在旅程中幫助你。你可以照你自己的意思，按照你喜歡的順序看這本書。本書的三個部分：盧恩符文的起源、法事和意義，可以單篇閱讀，也可以對照閱讀。

感謝你在這趟旅程中與我同行。能夠擔任你的嚮導，我感到很榮幸。

盧恩符文的起源
Rune Origins

讓我們從歷史及神話觀點一起深入盧恩符文的源頭。「Rune」（盧恩）這個字只有在凱爾特語言和日耳曼語言當中才看得到，它可以翻譯為「祕密」或「奧祕」。盧恩符文經過長遠悠久的傳承，和我們在一起已有數千年之久，常常可以在考古文物和民俗知識文本中發現，也常見於墓碑、矛槍頭、寶石，或是木、骨和鐵等材料之上。盧恩符文並非只是語言或某種字母，而是敘述宇宙大奧祕的符號。

我們不僅在盧恩符文中發現圍繞在生活當中的宇宙原型構造，同時也能感知我們人性中纖細的部分以及深度的個人特質。你將在第一章學會歷史上所見的幾組盧恩字串，包括考古文物上所見的古代字串，以及現代人恢復使用符文時的字串。

第二章你會發現盧恩符文的古老根源。我們將透過北歐人的神話了解這個根源。旅途中，你將會跟隨眾神之父（All-Father）一路發現符文以及其對應力量。你還會認識北歐神話中那些強大的存有，以及祂們應用符文做的事情。

不過，最重要的是，你的符文之旅就是從這裡開始的。當初奧丁伸手進入命運之井取出符文，現在，你也將從本書將符文帶入你的生命當中。

第一章

盧恩符文

　　盧恩符文（the Runes）是一組字母，也是一組法術符號。事實上，盧恩符文早在語言溝通之前，就已經用在法術上面了。你將在本章行經符文的最初版本，一路漫步到最近代的演進史。符文自始就擔綱詛咒、祝福和占卜等法術的要角，後來又用來做語言溝通之用。隨著北歐文化及北歐人的變化，符文也跟著一直產生變化。打從人類的歷史之初，從中古時代一直到現代，從異教徒部落到維京文化，盧恩符文就一直守在我們身邊，未曾離去。

盧恩字母

　　盧恩文是日耳曼各族（Germanic peoples）所知最早的一種文字之一。Rune 這個字很可能是來自北歐文字 run（意思是「奧祕」）和原始日耳曼語 runo（意思是「字母」或「祕密」）。學者不確定盧恩符文是何時、何地亦或何人所造，但是考古學家所知最古老的盧恩銘文是西元五〇年所做，那是在日德蘭半島（Jutland）的梅爾多夫・布洛赫（Meldorf Brooch）發現的，所以盧恩文應該早於那個年代。

　　盧恩符文字型直挺而常有折角，是字母，也是符號，但不只是字母和符號。盧恩符文一個字母就是一個象形文字，字型單純簡明，每一個字母都很容易寫、容易拼，但同時代表我們身邊存在於這個世界、宇宙，和我們內在的一些能量和概念。盧恩文主要見之於斯堪地那維亞國家的語言，一個字一個音。說盧恩文、寫盧恩文，或是默念盧恩文打坐，可以召喚其中的力量和能量。盧恩文如今最大的用途是類似於塔羅牌的組牌、占卜。

　　古人會把盧恩文刻在木、骨等有機材料表面，或是鐵、石等堅硬材料面上。當時盧恩文主要是用於溝通，但是也有人用來作法術，或是從事壞事。神話故事說，盧恩文是北歐萬神廟主神奧丁自我犧牲，吊在世界之樹（World Tree）上九天九夜之後帶回來給我們的。所以，認識盧恩文就是認識我們和奧丁的關係。

　　盧恩符文亦被稱作為弗達克（Futhark），古弗達克文（Elder Futhark）前六個符文的第一個字母集合起來排成字串，就成了 Futhark。歷史上，盧恩符文曾經從左而右、從右而左書寫都可以，還可以從上而下或從下而上。二十四個古弗達克盧恩符文分成三「族」（aett，古北歐語的「族」），每一族八個符文。

古弗達克文有二十四個符文；這是最初的盧恩字母。隨著北歐人的遷徙、文化的融合，古弗達克文在西元七五〇年左右維京時代（Viking Age）之際演化為「新弗達克文」（Younger Futhark）。另外，古弗達克文在英格蘭則是發展為盎格魯薩克森弗托克文（Anglo-Saxon Futhorc），增添為三十三個字母。

對於盧恩符文及其意義，我們現代人的知識大部分來自於三首盧恩文詩以及英格蘭、冰島、挪威的歷史文本。三首盧恩文詩每一首都會以一個小節一個小節講述弗達克文的每一個盧恩字母。古英語盧恩詩（Old English Rune Poem）創造了盎格魯薩克森弗托克文的生命，冰島盧恩詩（Icelandic Rune Poem）和挪威盧恩詩（Norwegian Rune Poem）發揚了新弗達克文。《詩體艾達》（Poetic Edda）和《散文艾達》（Prose Edda）這兩本古北歐文集描述了盧恩符文的起源，也成了北歐神話最權威的典籍。

古弗達克文

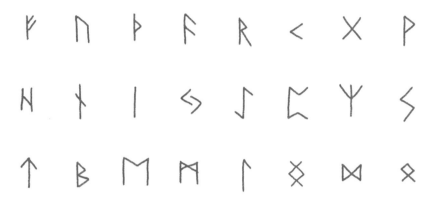

　　古弗達克文是最古老的盧恩文，是大遷徙時期（Migration Period）由某些日耳曼部落發展出來的，是一套法術系統，也是書寫用的字母。大遷徙時期是許多蠻族入侵全歐的時期，從西元三世紀持續到五世紀。古弗達克盧恩文的歷史起源，許多學者爭論不休，但是都認為最晚不超過西元五○年，因為所有描繪古弗達克文的考古文物當中，最古老的註記就是那個年代。學者相信從西元九世紀開始就不再有人使用古弗達克文，因為從那時候開始已漸漸演化成盎格魯薩克森弗托克文和新弗達克文。

　　Futhark（弗達克）這個字是由菲胡（Fehu）、優魯茲（Uruz）、日里沙茲（Thurisaz）、安蘇茲（Ansuz）、拉依多（Raidho）和開納茲（Kenaz）這六個最前面盧恩符文，取其第一個字母 f、u、th、a、r、k 縮寫而成。古弗達克符文分成三「族」，每一「族」八個字母，合計二十四個字母。盧恩符文曾經有過陰暗的過往，因為早期的日耳

曼部落雖然是用盧恩符文來溝通，但是這些部落民大部分都不識字。由於墓碑、武器和珠寶聖物上常見有盧恩符文，所以學者相信盧恩符文一開始是用在法術上的，要到後來才有人開始用來做語言溝通之用。很多學者都認為盧恩符文源自義大利字母——主要是伊特拉斯坎（Etruscan）字母，甚或就是來自拉丁字母；最大的原因是因為貿易路線。符文筆畫常見的那種銳角是因為必須要刻在木、骨和鐵等硬材表面上的關係。

盎格魯薩克森弗托克文

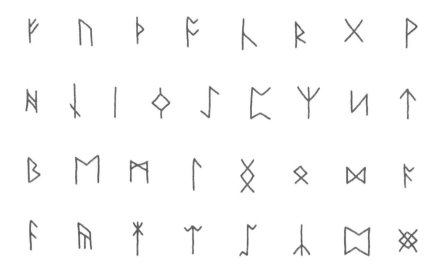

  盎格魯薩克森弗托克文是接續古弗達克文之後產生的文字。會叫做 Futhorc（弗托克），是由弗托克文最前面六個符文名的第一個字母集合而來。弗托克文有三十三個字母。西元四世紀到六世紀之間，盎格魯人、薩克森人和朱特人（Jutes）入侵不列顛群島，並且帶來了弗達克文。古弗達克文修改為盎格魯薩克森弗托克文的過程非常緩慢，起初是演變為二十六個盧恩符文，後來才變為三十三個。這種修改最主要是要反映古英語發音的變化。古英語（Old English）就是盎格魯薩克森人的語言。

  盎格魯薩克森弗托克文會留存下來，主要是藉由古英語盧恩詩（Old English Rune Poem）。所以一般才會認為弗托克文是書寫用

的語言，主要用於溝通，「法術」性質比較薄弱。盎格魯薩克森弗托克文似乎也同時發展為弗里斯亞弗托克文（Frisian Futorc）。弗里斯亞（Frisia）是北海（North Sea）東南區的沿海地區。很多學者爭論的是這種盧恩文字是先在英格蘭發展，而後才移到弗里斯亞，或是相反。但不論如何，盎格魯薩克森弗托克文在英格蘭直到十世紀左右都還在使用，一直到一〇六六年發生諾曼人征服戰（Norman Conquest）之後才結束。

新弗達克文

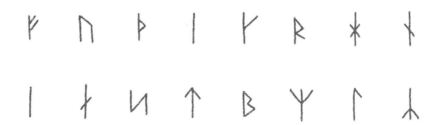

新弗達克文（Younger Futhark）從古弗達克文開始，經過長期的演進，最後才在西元八〇〇年左右，亦即維京時代開始定格下來。新弗達克文主要見之於斯堪地那維亞半島，最後是去除古弗達克文的八個字母，保留十六個字母而定格下來。這是一種很特別的發展，因為當時斯堪地那維亞人的語言也正在改變。他們的語言不像盧恩文只是排除字母，而是加上了新的發音，把母音從五個增加到九個。

　　古弗達克文一直是盧恩石雕師（runemasters）和識字的精英嚴守的祕密。然而後來斯堪地那維亞的新弗達克文卻不是這樣。古弗達克碑文倖存至今的僅有三百五十座，新弗達克文石碑和銘刻卻差不多有六千座之多。新弗達克文銘刻最先是在丹麥發現，有時候叫做丹麥盧恩文或「長枝」（Long Branch）盧恩文。但是很快的新的版本就出現了，叫做挪瑞（Norwegian-Swedish）盧恩文或「短枝」（Short Twig）盧恩文，兩者的差別在於字體。新弗達克文在維京時代原本是北歐境內主要的文字溝通工具，但是最後卻因為那裡傳入基督教並逐漸流行，於西元一二〇〇被拉丁文取代。

其他盧恩符文

西元一二○○年之時，無論是古弗達克文或盎格魯薩克森弗托克文也都已經幾乎完全佚失。有些版本繼續流傳了一些時候。另外則是有一些人後來創作了他們自己的盧恩符文系統。

十三世紀初，基督教進來之後，新弗達克文發展成中古盧恩符文系統。這是維京時代末年引進的「圓點盧恩文」（dotted runes）。之後，從新弗達克文發展出來斯堪地那維亞系統。這一系統直到十五世紀都還為人所用。

十六世紀到十九世紀之間有一個版本，叫做「德利卡里安符文」（Dalecarian runes），使用者是瑞典一個偏僻地帶德拉納（Dalarna）那裡的人。德利卡里安符文是盧恩符文混合拉丁文而成。

「阿瑪尼符文」（Armanen runes）因奧地利密修士兼日爾曼復興主義者貴多·馮·李斯特（Guido von List），以及他的《盧恩符文的祕密》（Das Geheimnis der Runen）這本書而存在。這一組盧恩符文依據新弗達克文而制定，總共有十八個字母，其中有兩個是新的。

不過，不幸的是，後來德國納粹黨惡意使用這一組符文作為他們的象徵，甚至還用來進行種族清洗和種族屠殺。不過，儘管有這一段歷史，時至今日德國還是有一些新異教在使用這一組符文。戰後，德國玄教教士卡爾·史必爾斯伯格（Karl Spielsberg）等人改造了阿瑪尼符文，去除了其中包含種族歧視等一些負面含義。

考古文物

　　我們現在對盧恩符文知識都是來自於考古學的歷史紀錄。目前所知最早的盧恩碑文是在日德蘭半島西岸的梅爾多夫・布洛赫發現的，年代約在西元一世紀中葉。前面說過，盧恩符文主要是用於法術之用，語言溝通則是次要。「法術」這兩個字意味著要使用一些據信具有超自然力的事物（譬如咒語）。

　　盧恩古文物分為固定的和移動的兩種：固定的，是指大型碑石，固定於一地，不移動，未來也不會移動；而移動的，指的是能夠讓人帶來帶去的武器或珠寶等等。

　　考古學的紀錄告訴我們，將盧恩符文用在墓碑上有兩個目的，其中一個是作為一種「詛咒」，防止人為破壞或褻瀆墳墓。不過要知道的是，當時的墓碑是設置於墳墓之內，不是在外面；另外，因為北歐人非常相信有不死生物（undead），所以他們在墓碑上刻符文另外一個目的就是要防止墳墓「居民」變成德拉古（Draugr）這種「屍鬼」或殭屍。Draugr，若照字面翻譯，意思是「再度行走者」，他們住在墳墓之內，守護著墳內那些陪葬物。

　　移動型的盧恩符文文物包括飲酒獸角、盒子、扣子、胸扣、武器、工具和護符等等。護符主要是護身符，戴在身上一是作為保護之用，二是會帶來好運。胸扣的作用也一樣，但是另外也是用來扣住斗篷或其他布件，以利穿著。符文銘刻有兩種作用，一種是被動的，一種卻具有侵略性。被動的一種，譬如胸扣上所刻的符文，目的是要帶來好運；而具有侵略性的一種就是武器、盾牌上所刻的符

文，目的是要保護自己或是對敵人造成傷害。

　　歷史文本和《詩體艾達》、《散文艾達》等古典知識當中也有說到盧恩符文的法術用途和占卜用途。我們從古羅馬歷史學家塔西佗（Tacitus）對日耳曼人的記述中得知他們會用抓鬮來預卜未來之事。《哈瓦瑪》（Hávamál）也提到奧丁曾經說到以盧恩符文占卜、治病及招魂等情事。

·········· 現代復興 ··········

　　在所有已知的歷史中，北歐國家一直都有在使用盧恩符文，只是各有各的形式而已。不論是斯堪地那維亞半島偏遠森林中家族的一代一代傳承，還是只是純粹書寫的用途，盧恩符文始終都在，未曾死去。

　　基督宗教對北歐異教產生了不可置信的壓制作用。我們在盧恩符文「非法化」當中看到這一點，使用盧恩符文「違法」這一點也明白寫入法律當中，宣告盧恩符文是「巫術」。然而，這些壓迫性體制和政權不論如何決心要消滅盧恩符文，卻從來沒有成功過，符文的力量依然強大。

　　一八○○到一九○○年代間，斯堪地那維亞半島和日耳曼地區發生了一股民俗知識以及國族的復興運動，使大家開始對盧恩符文重新產生了興趣。這包括前面提到的貴多·馮·李斯特及他的阿瑪尼符文。由於阿瑪尼符文和雅利安種族優越論（Aryan sopremacy），以及日耳曼國族主義（Germanic nationalism）的關聯性，使納粹黨後

來也拿來使用。這一層關聯玷汙了盧恩符文，一直到今天，還是有白人至上論者和新納粹黨在使用盧恩符文。

牛津教授兼作家托爾金（John Ronald Reuel Tolkien; J. R. R. Tolkien, 1982-1973）則是把盧恩符文帶進了通俗文化當中。他在自己的著作《哈比人》（The Hobbit）中盡情運用了盧恩符文。《哈比人》一九三七年初版，封面的四周就是整列的盧恩符文。在《哈比人》和後來的續集中，盧恩符文叫做「矮人盧恩文」（Dwarf runes）。

一九七〇年代，隨著威卡教（Wicca）等非基督教靈修會的興起，很多人又開始用盧恩符文做起法術，占卜。拉爾夫‧布魯姆（Ralph Blum）、史蒂芬‧福勞爾斯（Stephen Flowers，亦即艾德瑞‧托爾森 Edred Thorsson）和芙瑞雅‧亞斯文（Freya Aswynn）等現代作家出版一些運用盧恩符文及其意義的書，使數百萬讀者接觸到了盧恩符文。

第二章

盧恩知識

　　對於盧恩符文，我們所知全部來自於兩種成文資料，一個是盧恩詩，另一個是盧恩知識（lore）。所有關於盧恩符文的神話和知識都從兩個源頭而來，亦即《詩體艾達》和《散文艾達》，另外加上一些故事（sagas）。

　　研究古代北歐人的知識和神話，我們不但會了解盧恩符文的起源，還會發現當年把盧恩符文帶來給我們，還告訴我們用法的那些神和生靈（creature）。譬如奧丁，當年祂就在世界之樹上犧牲了自己。你會在本章發現盧恩符文很早就在古代北歐的故事、神話當中出現，並且得以清楚地了解，也因之而獲得一種指引，對盧恩符文展開發現之旅。

北歐神話

　　古代北歐人生活的環境嚴酷艱辛。在中古時代之前，他們大部分都皈依基督教，但是卻以一種異教徒的精神頌揚生活，反映出當時他們生活世界的美麗和艱困。北歐人的靈修制度與其說是宗教，還不如說是一種傳統；在這個傳統當中，構成了北歐神話的故事。

　　對於北歐神話，我們所知道的來自於兩種歷史資料，那就是《詩體艾達》和《散文艾達》。這兩本文本是在中古時代抄錄下來的，內容包括一些偉大的詩和故事，其中包含了《哈瓦瑪》；《哈瓦瑪》又叫做《高等太一語錄》（The Sayings of High One）。大家直接都把《哈瓦瑪》歸為奧丁所作，我們也是從這本《哈瓦瑪》了解盧恩符文起源的。神話故事給了這些古人生命很豐富的意義，以美麗的詞藻表現了精靈（Elves）、矮人、巨人、奧丁、索爾（Thor）以及弗瑞雅（Freya）等複雜而可怕的生靈與諸神。

　　古時候的北歐人認為世界之樹上有九個世界，我們的世界「中土」（Midgard）只是其中之一。世界之樹艾格德拉賽（Yggdrasil）是一棵岑樹（ash tree），位於這九個世界中央，把這九個世界連結起來。艾格德拉賽連結了這九個世界，如果你想從其中一個世界去另外一個世界，你就會在世界之樹上移動。艾格德拉賽有眾多樹根，其中一根底下有「命運之井」，井裡住了三個諾恩（Norn）。北歐人常常把這三個諾恩視同古希臘神話中的「三命運女神」，也就是少女、母親及老太婆三一組。祂們是「紡織三姐妹」，成天紡織，丈量並剪裁世人的命運。奧丁是盧恩符文的發現者，祂在世界之樹倒

吊了九天九夜之後，在命運之井中發現了盧恩符文。

北歐諸神和女神分為兩種，一種是瓦尼爾（Vanir，生育諸神），一種叫艾西爾（Aesir，天上諸神）。奧丁是艾西爾的主神，住在九個世界之一的阿斯加德（Asgard）。不過，瓦尼爾的弗瑞雅卻是北歐人的首席女神。祂是第一位賽德魔法（Seidr）法師。賽德魔法是古代挪威的生育魔法及土地魔法，以其可詛咒人，亦可治療疾病的能力著稱。

艾西爾諸神企圖殺害弗瑞雅，因而和瓦尼爾那邊發生了戰爭。這場戰事打了很久，終至雙方都開始厭戰，於是兩邊和談，達成了協議。祂們依照習俗，各自把自己部落中的幾個人送到對方部落，以用「致敬」。瓦尼爾這邊送過去的是弗瑞雅和祂的父親尼奧爾德（Njord）以及弟弟弗瑞爾（Freyr）。弗瑞雅後來成了奧丁的妻子。

奧丁以薩滿巫術和法術之力為人所知，但是祂這些知識其實都是弗瑞雅教的。奧丁是「大流浪者」，發現盧恩符文之前以其詩作、狡猾戰術和智慧著稱，發現盧恩符文之後，祂的法力更加神奇。

奧丁

打從歷史之初，人就一直在崇拜無數的神。從史前文化迄於現代宗教，眾神顯示了種種高貴的──以及不那麼高貴的──屬性。我們研究北歐神話之時，一定要記得的是，即使對現代人而言毫無實際用途，但祂們的故事中有其本身的文化價值及脈絡，和全世界各地其他的神話一樣重要。北歐神話當中，最重要的就是奧丁神，

祂是艾西爾的主神，在艾西爾和瓦尼爾兩邊都以智慧著稱。

我們在盧恩知識中讀到說，九個世界中，尼弗海姆之霜（frost of Niflheim）和穆斯珀海姆之火（fire of Muspelheim）這兩個世界在吉農加大裂濔（Ginunga Gap）結合，因而創造了宇宙。火燒熔了霜之時，從那水滴中誕生了第一個巨人依祕爾（Ymir）。另外，凍霜融化之時，還生出了一頭大牛安敦姆拉（Andhumla）。安敦姆拉前來給依祕爾哺乳，並且在冰雪中找到鹽這種養分。祂舔著冰裡的鹽分，冰裡跑出了布里（Buri），這是艾西爾諸神中的第一個。布里的兒子布爾（Bor）娶貝絲特拉（Bestla）為妻。貝絲特拉是巴爾特洪巨人（Giant Bolthortn）的女兒。布爾和貝絲特拉結合之後，生了三個孩子，就是奧丁和祂的兩個弟弟維利（Vili）和維（Ve）。後來奧丁兄弟將依祕爾殺害，用祂的屍身建造了這個世界。建造了世界之後，諸神就用樹幹創造了第一個男人阿斯克（Ask）及第一個女人恩布拉（Embla）。

奧丁雖然統治阿斯加德，但是祂卻是出名的「大流浪者」。祂在阿斯加德王國到處闖蕩，追尋智慧與力量。事實上，智慧和靈感可說是奧丁主要的目標。祂的名字 Odin 是由 odr 和 inn 這兩個挪威字拼起來的；odr 可以翻譯為「啟示」（inspiration）或「狂喜」（ecstasy），inn 的意思相當於 the。Odr 是一種狂喜狀態，其強烈程度據說可以使人超凡入聖。所以奧丁的名字意思就是「狂喜者」或「獲得啟示者」。

奧丁是統治者的庇護神，但也是局外人。眾神當中沒有一個像祂以那麼多興趣以及性格多變著稱。祂是戰神，但也是詩神，據說

祂講話時都像是在讀詩。祂有時候現身為男人或女人，配戴盔甲，帶領從眾打仗，但有時候又變成巫師，披著斗篷，戴寬邊帽執杖而行。托爾金《魔戒》中的甘道夫（Gandalf）事實上就是依據奧丁塑造出來的。

奧丁身邊有很多熟悉的神靈在幫助祂治理九個世界。華爾齊麗（Valkyries）是女神或少女，叫做「被殺者選取人」（chooser of the slain），專門在戰場尋找值得安置在瓦哈拉（Vahalla）的陣亡戰士。瓦哈拉是奧丁在阿斯加德建造的大廳堂。奧丁有兩隻烏鴉隨侍，一隻叫做「胡金」（Huginn，思想），一隻叫做「穆寧」（Muninn，記憶），牠們在中土各處飛行，巡邏，再把各種情報帶回來給奧丁。奧丁另外還有兩頭狼隨侍，一頭叫做「傑利」（Geri），一頭叫做「弗烈基」（Freki），意思是「饞」（ravenous）和「貪」（greedy）。奧丁最為人所知的隨侍神應該是那一匹八腳馬史萊普尼爾（Sleipnir），又稱「滑行者」（The Sliding One）。史萊普尼爾可以視為奧丁具有薩滿法力的助手之一，幫助祂在世界之樹艾德格拉賽來來去去。

不論大家怎麼看奧丁，祂有一個特質在大大小小的故事中始終一以貫之，就是祂只有一隻眼睛。奧丁有名的地方在於祂渴求知識，尋求智慧及資料，因為這可以增強祂的力量。包括他追尋的盧恩符文在內，只要能夠獲得知識及智慧，祂願意接受任何試煉，就算身體受到殘害也在所不惜，這包括祂願意挖出眼睛來交換，還有在世界之樹上倒吊九天九夜。《哈瓦瑪》當中，尤其是一三八到一四一小節，有敘述祂追尋盧恩符文的故事。

祂坐在阿斯加德王國的王座時，注意到世界之樹樹根下由諾恩

雕刻的盧恩符文。祂追尋盧恩符文這件事說明祂為了求知，不惜忍受身體難以想像的折磨和痛苦。很多學者都認為，祂求得盧恩符文的旅程是一次薩滿入門儀式，一趟獲得偉大智慧的旅途。

　　奧丁用自己的大矛袞尼爾（Gungnir）刺自己的身體，然後把自己吊在世界之樹上九天九夜。九天九夜之後，當祂懸吊在命運之井上方時，祂開始感受到盧恩符文的狂喜和啟示。祂伸手往井裡去，一邊喊，一邊把盧恩符文拿出來。取得了盧恩符文知識之後，祂切斷繩子，從樹上下來，喝了一杯米德詩酒（Mead of Poetry），漸漸恢復精神。

　　奧丁有很多追求智慧和知識的故事，取得盧恩符文只是其中之一。我們學習盧恩符文的旅程應該從這裡開始。既然我們想要取得盧恩符文知識，就要捨棄自己的一部分，譬如時間、精神等，但是最主要的是，我們必須奉獻。

希格德麗弗瑪

　　我們發現，《詩體艾達》裡有很多神話、故事在向我們轉訴古代北歐神話。關於盧恩符文及法術，最重要的故事是《希格德麗弗瑪》（sigrdrifumal）。這是《詩體艾達》裡的一段，說的是日耳曼傳奇英雄希格特（Sigurth）和華爾齊麗・布倫希爾德（Valkyrie Brynhildr）相遇的故事。後者在這裡叫做希格德麗法（Sigdrifa）。

　　華爾齊麗諸神是奧丁的隨侍女神或「被殺者選取人」（Choosers of the slain）。她們在戰場上選取陣亡者，把他們的靈魂送到奧丁在

阿斯加德建造的「瓦哈拉」大堂。「希格德麗法」的意思是「勝利驅動者」或「勝利催動者」。這一首詩敘述希格特前往興達夫亞爾（Hindarfjall）山頂的旅程。希格特遠遠看到山上一道亮光，奔往山頂之後，發現山頂有一座堡壘，旗幟飄揚。他走進堡壘裡面，看到有一個人全身盔甲，睡在地上。他把那個人的頭盔移開，發覺那是個女人。她的鎖子甲鎖得很緊，幾乎已經和她的皮肉長在一起。奧丁曾允諾一位偉大的戰士能得到勝利，但是希格德麗法卻趁著其孤立無援之時，將戰士給殺了。希格特把那鎖子甲砍斷，喚醒了希格德麗法；就這樣，他也解除了奧丁對希格德麗法的詛咒。

希格特向希格德麗法要求分享九個世界的智慧。《詩體艾達》在這一部分以美麗的文字敘述了多種盧恩法術：

> *想要勝利，就刻勝利符文。*
> *刻在劍柄，*
> *刻在劍刃，*
> *刻在劍身幾個地方*
> *然後把姓名提爾（Tyr）再刻一次。*

這一首詩特別告訴我們說他們會在武器、盾牌上刻符文，但也可能是在提示我們「連結符文」（bindrunes）這個概念。這一首詩讓我們深入了解了「提瓦茲」這個符文，也了解到提瓦茲符文如何應用於戰爭之上。提瓦茲是提爾族符文的第一個符文，特別彰顯了戰爭對古代北歐人的重要性。接下來這一首詩說的是啤酒對北歐人而言和戰爭一樣重要。

> 如果和另一個男人的老婆幽會時
> 不希望她濫用你的信任，
> 你就應該學習啤酒符文，
> 把啤酒符文刻在飲酒牛角上，
> 寫在手背上，
> 還要把 N 刻在你的指甲上。

　　這是一首很奇怪的詩。之所以奇怪，並不只是因為提到「不忠」（infedility）。更奇怪的是後來希格德麗法曾經主張希格特從來就不鼓勵女人「鬆懈」（looseness）。這一首詩告訴我們以符文施法時一種很明確的做法，那就是把符文刻在指甲上面。詩中說到的 N 指的是 Nauthiz（瑙提茲）這個符文。

　　希格德麗法後來也有提到「生孩子」，還有產婦陣痛時如何搶救產婦：

> 有女人要生孩子開始陣痛時，
> 如果要救她的命，
> 你應該學習救命符文；
> 寫在手掌上，
> 握在手腳中，
> 再向你們的家神求救。

《詩體艾達》中，這些北歐神話、故事也提到了「海浪符文」（wave-runes）。這是用來將船從「瘋水」（wild water）中解救出來的符文。另外，這些故事也教了我們「療癒符文」（healing runes）和「說話符文」（speech runes）。這兩種符文可以用來防止憎恨你的人「對你採取報復行動」。另外我們還學到了「心智符文」（mind-runes）以及盾牌上所刻的符文；前者可使我們變得比別人有智慧。

最後，希格德麗法還向希格特敘述說，如果我們學會了如下這些符文，這些符文給我們的忠告都可以拿來應用在生活中：

白樺樹符文，

救命符文，

和著名的力量符文，

對每一個正確而完全

了解這些符文的人，

都會有很好的用途。

若你知道這些符文，

請你好好運用，

直至諸神死去。

眾神的符文

很多人學習盧恩符文常常一開始就很挫折，尤其他們又沒有像你手上現在握有的這樣一本指南的話。古代北歐留下了很多神話和詩，但是這些神話和詩似乎不足以幫助我們找到盧恩符文本身。我們讀盧恩符文詩，有幸讓它們協助我們了解每一個符文，不過，要了解盧恩符文，我們的旅途卻還需要再深入一些。明確提及盧恩符文的詩和傳奇故事不多，但是和眾神有關的神話、故事卻不少。

我們必須研究眾神的故事，因為這些故事即是盧恩符文的體現。研究這些故事，我們才能夠把盧恩符文學得更好，並解開其中的奧祕。很多符文和個別神的關係很明確，譬如安蘇茲（Ansuz）是奧丁的符文，日理沙茲（Thurisaz）是索爾的符文，提瓦茲（Tiwaz）是提爾的符文，而殷瓦茲（Inwaz）則是弗瑞爾的符文。

有了奧丁的故事，我們才會比較了解安蘇茲的奧祕。安蘇茲是「智慧」、「呼吸」和「溝通」符文。奧丁是「狂喜者」，是「獲得啟示者」，據說一直都用詩在講話。安蘇茲符文可以用來獲得啟示，特別是「溝通」方面的事情更是如此。

有了索爾的故事，我們才能夠發掘存在於日理沙茲當中的力量。日理沙茲是荊棘，既會刺人，也有保護作用。雷神索爾就是日理沙茲，但是索爾也必須保護我們不受眾巨人的侵害。日理沙茲是是「力」或「力量」符文，可用於「防衛」。這一個符文告訴我們必須抵禦一些比我們強的力量。

有幾個神我們不太了解，提爾是其中之一。事實上，從古時候

留下了的故事中，似乎只有一個有講到提爾的事情，那就是「拘禁芬瑞爾」（Binding of Fenrir）。芬瑞爾是一頭巨狼，我們從提爾的神話故事知道祂被芬瑞爾咬斷一隻手，這樣我們就會開始了解提瓦茲這個「力量」、「真相」和「正義」符文。

弗瑞爾是生育之神。很多人都知道祂因對崇拜者施福而有所收獲。殷瓦茲是「大種子」（great seed），是「新的生長」（new growth）和「男性生育力」（male fertility）符文。許多弗瑞爾的故事中都把祂描繪得非常陽剛。研究弗瑞爾的故事、神話，我們會比較了解殷瓦茲。

北歐神話、民間習俗和特定符文當中的人物和原型（archetypes）之間有種種關聯。譬如，我們知道第十三個符文艾瓦茲是「梣樹」（ash tree）符文。所以，如果了解世界之樹這棵大梣樹艾格德拉賽，就會比較了解艾瓦茲這個符文。我們知道艾瓦茲是「馬」和「旅行」符文。所以我們可以藉由奧丁以及祂的坐騎史萊普尼爾（Sleipnir）兩者旅途上的故事，了解史萊普尼爾這一匹八腳馬。越了解艾格德拉賽，就越了解艾瓦茲；越了解史萊普尼爾，也一樣越了解艾瓦茲。

要發現及了解盧恩符文，最重要的是要和它們建立關係，並且在日常生活中強化這一層關係。個人對於符文的體驗是最重要的工具，但也要記得多閱讀北歐的神話和民間故事，特別是論及眾神的神話和民間故事。研究祂們的故事，了解祂們曾經過的奮鬥和勝利，你就會更了解符文，最後更是能了解自己。

部二

盧恩法事
Rune Practices

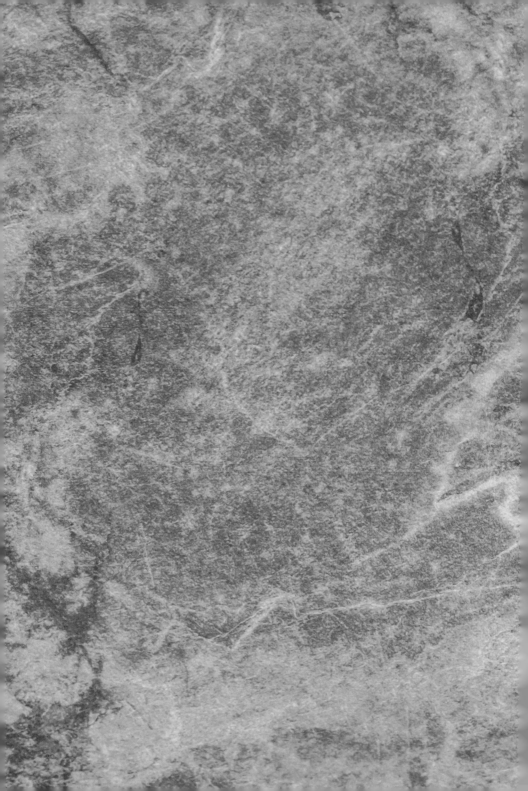

盧恩符文歷史悠久而豐富。考古學上的發現以及史料都會讓我們更加了解古代人如何運用符文。不過，就我們目前所挖掘到的，相對於在歷史中已佚失，一定是很小的一部分。只是，不論在時間過程中流失了多少史料，盧恩符文都還是常見於我們的生活當中。以現實層面而言，盧恩符文是編織真實世界的主要「纖維」，是拴住一切的鎖鍊，它使我們在日常生活中認識到這些符文的意義，而它們的力量就像是堆積出世界的積木。因此，它們並非只是書寫用的文字或符號，而是構成以艾格德拉賽為基礎之宇宙布匹的「纖維」。

　　盧恩符文透過人生活在中土（midgard）時的人性而顯化，包含我們生活中的身體、情感、心智及靈性等層面表現。盧恩符文和北歐信仰中的紡織姐妹，亦即諾恩三女神有很密切的關係，是奧丁的工具和教誨。占卜可能是最常見的一種盧恩法術。盧恩占卜（亦即運用盧恩符文和神接通）有多種方法，例如抽出單獨一個符文的「抓鬮」、更加複雜的牌組，或全部弗達克符文擲牌等等都是。

　　盧恩符文屬於古代北歐的法術；法術包括作法比較簡單的也有一些相對較為複雜的，前者譬如將符文刻在梳子上，後者譬如樹立巨石作為致敬、詛咒或保護之用。民間習俗及考古學紀錄讓我們知道符文遠遠不僅止於溝通之用，它還能夠協助我們和看不見的力量接觸。

　　現在就讓我們對盧恩符文的力量懷著尊敬及感恩的心情，展開這一趟旅程。

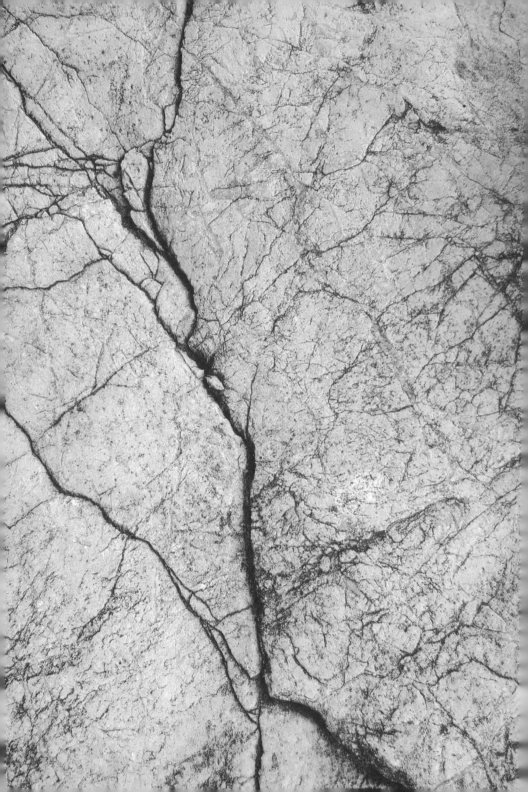

第三章

盧恩符文占卜

　　盧恩符文是一些代表「創造」的原型積木，是一直在我們身邊舞動、匯流的偉大元素及能量；也是打開我們內在風景的鑰匙，還是提升直覺力的工具。我們可以運用符文找出一些給予我們引導或示警的訊息，接觸宇宙間一些看不見的智慧力量。這有很多方法，其中大部分都需要你自己擁有一組符文石，而且是你已經與之建立了良好關係的符文石。不過，將符文寫在紙條上也一樣可用。想流暢解讀符文占卜，最好的方法就是要經常練習。和符文建立個人關係非常重要；要根據自己的經驗建立自己的解釋，而古典神話能為你的解釋增華。

起源及實際作法

古代北歐的民俗傳說告訴我們奧丁發現盧恩符文的故事。這是一個「犧牲」的故事，說到奧丁腰部被矛槍刺傷，吊在世界之樹上九天九夜才在命運之井中發現盧恩符文。祂從艾格德拉賽底下的命運之井中「抽出」盧恩符文，這個簡單的的動作本身就是一種占卜，因為祂就是在求知和解答。每一個符文都帶有偉大知識，奧丁帶回來這些符文之後就會學到這些知識。這個神話故事，加上《詩體艾達》中也多次提及，讓我們得知以盧恩符文占卜是怎麼一回事。

關於「抽籤」或「抓鬮」，最大的知識源頭是古羅馬史學家、論述家塔西佗（Tacitus）。塔西佗的《日耳曼尼亞志》（Germania）有一段文字敘述了西元一世紀北日耳曼一個部落「抓鬮」的情形：

> 他們高度重視占卜、抓鬮。抓鬮的程序永遠一樣。他們從會生長堅果的樹木砍下樹枝，劈成枝條，然後在枝條上做記號，接著把這些做了記號的枝條任意丟在白布上。然後，一邊看著天空，一邊手裡去撿枝條，一次撿一條，總共撿三枝，然後從之前做在枝條上的記號解讀其意義。如果抽到的籤禁止他們做生意，他們當天就不會去想這件事情。如果允許，那就必須還要有吉兆的確認。

盧恩符文占卜當然會隨著時代變遷而有些改變，但是我們人尋

求符文協助的原因都一樣：想要找到自己和宇宙更深的連結，想要向一些精微的力量尋求引導和明示，想要和足以影響我們人生的神靈連結。

要和符文建立較為親密的關係，可以運用上面所說塔西佗在《日耳曼尼亞志》中所敘述的「擲符文牌抓鬮」的儀式，不過當然也可以簡單到從隨身攜帶的小袋子中抽出一個符文牌，作為回應你問題的答案。現在也有一種「牌組」可以代替盧恩石或盧恩小片，在商店裡常常和塔羅牌、神諭牌放在同一個櫃位。另外你可以下載手機用的 APP，讓你隨意抽籤；這種 APP 通常都附有基本的解說。

但不論盧恩符文如何呈現它的意思，它的能量和構成世界的那些要素一樣，永遠都是前後一致的。盧恩符文的魔力存在於它們自己本身，不在擲符文牌那個人身上。如果找不到符文牌組，你可以自己用紙製造。製作紙質符文，你要盡可能使用紅色墨水，因為傳統上，紅色代表力量、生命力，同時也仿同傳統，用來為符文牌著色。密教儀軌都很重視血液，因為你的生命力和血液關係很直接，所以紅色會把符文和你的生命精華直接連接起來。現代人要買到盧恩符文很容易，但是那確實不像你親手手作符文牌那樣，可以和符文建立個人的關係。理想上你的符文牌組應該是要你自己做的才好，原因本書第四十頁的專欄有解說。但是，如果你資源不足，或沒有時間，你還是可以透過一種程序，把你從商店或網路買回來的符文組和自己連結起來。

符文牌組不論是自己做的，還是買的，除了和符文本身建立正確的關係之外，也要和製作符文牌的材料建立正確的關係。一如塔

西佗在《日爾曼尼亞志》當中敘述的，傳統上一般都要求要用會長核果或果實的樹木木材，但如果是倒木（downed wood）也可以，只要沒有腐爛就沒有關係。但是，不論是要取還在樹上，或者已經倒在森林地面上的木材，都一定要供養樹靈。供養的物品可以簡單如北美人那樣用楓糖、蜂蜜和菸草在樹下祭拜樹木，也可以用你們家鄉特有的蔬菜食物。如果你是要用石材、骨頭、鹿角和黏土，或任何來自地球的材料製作符文牌，供養所使用之材料屬的神靈一樣非常重要。重要的是，我們召喚什麼神靈來做我們的盟友，我們就要供養祂；因為這樣可以表示我們感謝祂，感謝祂帶來給我們的東西。這樣，祂就會更願意在我們占卜的時候幫助我們。

占卜的時候要記住我們所供養的神靈；這很重要。我們用什麼材質製造符文牌，我們就供養該種材質所屬的神，但是我們還要記得把符文帶回來給我們的人，同樣也要供養祂；這也很重要。和符文建立關係，就是和「眾神之父」奧丁建立關係；供養奧丁，你將會有豐富的收獲。無論肉、酒、麵包或是蜂蜜，「眾神之父」都很喜歡。你可以把供養物裝在特製的碗、杯或盤中，獻在祭台上供養，也可以在自然場所供養。

重要的是，擲符文牌時，不論是為你自己或是別人，都要感激奧丁的犧牲，也要請求祂透過符文給你指引，賦予你智慧。要問符文問題，另外一件很重要的事情是，要先往小袋子裡面吹一口氣，再搖晃它。吹這一口氣，可以使你的生命力「旺德」（Ond）進入符文當中，使符文和你的能量融合，庶幾可以提供你所需要的解答。

不論是實際生活問題，抑或是靈性或神祕的冒險，我們都會尋求符文的協助，希望它指點我們一條明路。這個過程，一開始是向符文諮詢，或者是單純的詢問它問題。切記你的問題一定簡單、明瞭、直指要點。如果你的問題很複雜，最好把它分成幾個簡單而容易的問題，不要提出冗長的問題。問題寧可簡單，不要複雜。謝過符文和奧丁之後，往盧恩符文小袋子吹氣，然後開始專注在你所要問的問題上面；譬如一段關係的開始或結束，或者是職業生涯來到十字路口，你現在要為這些問題尋求符文的指引。現在開始口誦「奧丁」之名，懷著敬意，慢慢講九次，把祂帶到此時此刻。然後，如果可以的話，大聲把你的問題講出來；如果無法大聲講出來，那麼就在心裡以堅定清晰的口吻把問題唸出來。

　　如果你是在為別人占卜，並且你也覺得無妨，那麼，請你先讓他往小袋子裡吹一口氣，讓他的「旺德」和符文結合之後，才開始擲符文牌。為人占卜，但是卻自己吹氣，這並不理想，因為會影響結果。至於抽牌，那就要看你的偏好，可以讓他自己抽，也可以你替他抽。問了問題，也抽了牌，接下來就是由你依據你的知識、經驗以及直覺找出符文所給的指引。

自己製作符文牌

　　由於你所做的符文將是你的盟友，成為你終生尋求諮詢及指引的資源，所以你最好還是自己製作一組符文牌。自己製作牌組之後，這些古老的符號將會依照只有你能夠主使的方式開始運行，並且將你的能量和它們的力量連結起來。下列是自己製作符文牌組的基本原理及方法：

　　如上述所云，製作自己的符文牌，傳統理想的材質是木頭，並且最好是會結核果或果實之樹木的木材。有機的、來自土地的材質，譬如石頭、鵝卵石或是貝殼等也很適合。如果是用骨頭或鹿角，請確認那是來自自然死亡的動物或是死因單純的動物。但不論你是用什麼材質製作，最重要的是你要向你所用的材質所屬神靈作供養。你要有一口小袋子可以裝符文牌；這種小袋子若是買來的也無妨，但是能夠自己做一個最好。到目前為止，關於自己做符文牌，所有的原理──要用自然材質、向材質所屬的神靈作供養──也都適用於符文牌袋子的製作。

　　要在你的材質上題符文有多種方法。木材的可塑性最大，可以用雋刻的，也可以用燒灼的，也可以用油彩畫上去；骨頭、石頭等堅硬材質，可以用電動雕刻刀在上面刻出符文，也可以用油彩寫上去。我相信雋刻或書寫這個動作會為你的符牌製作增添一種深刻的要素，因為這個動作將會讓

你耗費更多時間將符牌變成你「自己的」符牌，並且還會將你的能量、意願灌注到符牌裡面。另外，書寫或雋刻符文時，你也會有機會增加你擲符牌時的靈性層次，因為墨水、油彩，乃至於傳統所用的血液，都可以使符文字母增加豐富度、深度。如果符文是寫上去或染上去的，你可以再塗一層蟲膠（shellac）作為保護。

你需要的器材如下：

- 用來做符文牌的材料，包括木材、骨頭、石頭、皮革、黏土、貝殼或紙等等材質。
- 天然染色劑油彩、墨水和血液等。
- 蟲膠或透明塗油，抹在已經寫好刻好的符文上面。
- 雕刻工具，電動雕琢刀、燒灼器等。
- 安全護目鏡。
- 細字水彩筆或油彩筆。
- 無菌引血針、酒精棉和繃帶。如果你要引血來做染色劑，以上三樣東西在藥房的糖尿病護理器材部都找得到（不要從靜脈採血；從手指間採的已經足夠，而且比較安全）。
- 你可以上網查詢糖尿病患所用的抽血方法，依照那種方法做比較安全。
- 急救箱，凡用到電動或尖銳器具的情況都必須準備。

製作符文牌時，不論你用的是骨頭、木材、黏土或是紙等等材質，一開始你當然是拿一些空白符文牌，逐一寫上或刻出一個符文；邊寫邊刻的時候，如果一邊又能夠口誦你正在寫或刻的符文，那是最好。不論你是用寫的、用刻的，還是燒灼上去的，在符文牌上題上了符文之後，接著就開始染色，上油彩、墨水或血液。如果你不喜歡用血液或別的染色劑，也可以用木材燒灼器燙出符文。木材燒灼器燙出來的符文，字體一樣很清晰。如果你用的材質顏色清淡，那麼幾乎是一定要用暗色染色劑或油彩來凸顯符文字體。

　　符文牌製作完成之後，下一步就是予以「祝聖」。這個祝聖儀式可以很簡單，也可以繁複一些，你自己選擇。你可以按星相學來訂定舉行祝聖儀式的時間，也可以在滿月夜或新月夜舉行，看你自己喜歡哪一種，憑直覺訂定符文牌祝聖的最佳方式，但不論是用什麼方式，心裡都要懷著感激及尊敬。

　　基本的「祝聖」儀式包括用石頭圍出一個圓圈（代表「地」），再用碗裝水放在圓圈左邊，點一盞蠟燭放在右邊，這兩者分別代表「水」和「火」。最後在圓圈頂端點一炷香，代表「風」；這個風將會讓你的願望和意願送到眾神和祖先那裡，獲得祂們的庇佑。然後你把符文牌放到石頭圓圈裡面，一邊講出感激的話語，一邊祈求奧丁和祖先護佑你的符文。這時候你也可以在你身邊擺一盤或一碗供奉物，藉以表示感激。不論團體或是個人，若是想進行比較繁複的儀

式，請參考黛安娜·帕克森（Diana Paxson）等人的著作，請參閱本書第一百六十三頁「資料來源」。

不用說，不管你計畫進行何種儀式，這時候很重要的就是藉由供奉感謝奧丁。之所以要感謝祂，並非只是單純謝謝祂的知識以及祂為了取得盧恩符文所做的犧牲，而是要感謝祂引導你的手製作符文牌。你可以個別祝聖符文牌，也可以全部一起祝聖；可以在一次儀式中祝聖所有的牌，也可以舉行歷時二十四日的儀式，每天祝聖不同的符文牌。你也可以對著每一個符文打坐，同時祈禱或祝福，要求其給你明示及引導。

全部符文牌都祝聖完畢之後，切記要隨身攜帶至少二十四小時，包括與之同眠。重要的是讓符文牌和你的能量融合，和你的能量對接：只要對接完成，它們就會成為你隨時可以尋求諮詢的盟友。

符文牌組

要和符文互動，有很多種方法，其中一個就是在你的桌面或什麼樣的表面排出符文牌組（rune spreads）或模態（patterns）。這種牌組或模態中的每一個位置都代表一個重大的意義。這種牌組有簡單到只有一張牌的，也有複雜的多張牌組合。但牌組不論是幾張牌，

重要的是要記住你的願望。譬如，如果你的願望是希望牌組頂端的符文牌代表「過去」，那麼這時候很重要的就是你繼續抽牌放置到牌組中時，要一直記住頂端那個位置代表「過去」。

人生的路碰到十字路口時，向符文尋求諮詢很有幫助。在這個十字路口，你的情況是「不知如何決定」，譬如說你不知道要不要辭職，換個可能比較理想的工作；或者想要辨識出伴侶的某些不良行為；或想要預知明天或下個禮拜會發生什麼事情。一般來說，你想尋求的訊息多還是少，你即將遭遇的狀況是複雜還是簡單，你能有多少時間等等，這些因素決定了你該選擇怎樣的牌組。「單獨一張牌」適合簡短的問題，也是快速得知你的今天將過得如何的方法。但如果五張或五張以上的符文牌組，這種「深度牌組」（in-depth spreads）提供的就是較為深入的看法了；譬如如果你要求的是對你的新工作或可能即將展開的愛情關係的建議，選擇這種複雜的牌組就很適宜。

運用符文牌時，不論是擲符文牌還是排符文牌組，其用途都不只是在「算命」（fortune-telling）。事實上你是在訴求宇宙間的強大力量，祈求他們開示；因為這本身就是神聖之舉，因此也該如是對待。和符文互動，可以提升你的直覺力以及與「看不見的世界」的連結。以下的段落你會看到單牌組、諾恩三牌組還有符文河五牌組（runic river）的樣本及其解釋。另外你還可以從本書一百六十三頁「資料來源」所列的幾本書當中發現另外多種符文牌組合。

我們應該要記住的是，我們是為了符文的智慧向它們尋求諮詢而非讓它們主宰我們的生命。不論我們運用的是哪一種神諭，我們

都不能忘記我們的未來是有可變性的，我們也有自由意志可以幫助自己改寫人生劇本。任何一種神諭，尤其是盧恩符文，都是以兩種方式為我們服務。第一個是針對某一人生劇本對我們提出示警，提醒我們要改變那種命運，建議我們採取相對應的行動好調整那個劇本。假設你夢見你明天要搭的那一班飛機墜機，後來你沒有趕上那一班飛機，而那一班飛機也真的墜機了，神諭就是用這種方式在幫助我們。神諭第二個幫助我們的方式是針對我們無法改變的事情提出示警，協助我們為事情本身做好準備，也就是在心理和情感兩方面都做好準備。

　　我們用盧恩符文等占卜工具幫助我們看穿「紗幕」，或得到一些洞見，但是也永遠要記得以自己的直覺來調和我們的解讀。

　　每一次抽牌抽出來的符文都會給你實際的指示，這個指示你要記在心裡，同時要完全專注，心思穩定。不論你是為自己或是為別人占卜，重要的是要讓你的「旺德」和符文的能量結合。往小袋子裡吹一口氣，讓你的「旺德」和符文牌結合，口誦「奧丁」九次，然後開始問問題。問完問題之後，就讓奧丁或紡織三女神，或是盧恩符文來顯示你的前路在何方。

命運籤—單牌組

```
1
```

　　如果你尋求的是簡單快速的答案或指引，通常都是只抽一張牌就可以。例如，單牌籤會顯示你今天會過得好不好，或者顯示下一週一個概括性的主題，或是洞察到某人在某一狀況中未來的可能發展。若以這個例子而言，這個時候抽的籤我們叫做「命運籤」（wyrd pull）。這是最簡單的符文占卜——快速潛入「命運之井」，拿到一張符文牌。生活中大部分的層面都是越簡便越好，同理，符文占卜為我們做事也是這麼簡便。所以，依照我們目前所了解的符文來看，即便是只抽一張牌，你都可以獲得多層次的訊息和知識。

　　這種單牌占卜不但能夠加強你和符文的連結，列入你早課的一部分也很不錯。讚美奧丁、召喚奧丁，往符文牌小袋中吹氣，然後要求符文告訴你今天將過得如何，你今天將要學習什麼課題。為符文的一次「旅程」做紀錄，一天結束之後再回顧它這一趟旅途，把今天符文顯示給你的東西記錄下來。要和符文建立關係，這是最好也是最快的方法。

考特妮的壓力

哈格拉茲

考特妮一直在用符文研究宇宙的奧祕，也會用命運籤來確認生活中某一狀況的訊息。最近這一陣子她先生總是加班到很晚才回家，回到家的時候總是很疲憊的樣子，這並不正常。考特妮對這種情形感到很煩惱，她感覺到她心愛的先生身上的壓力，自己也因此有了壓力。但是她發現，平常碰到這種狀況，其實她都能夠輕鬆地解決。於是她開始向符文要求解答。

她呼求奧丁，往符文袋吹一口氣，再抓著袋子搖一搖洗牌，然後抽牌。她抽到哈格拉茲（hagalaz）——代表「冰雹」——然後放在桌面上。很多人看到哈格拉茲常常覺得很嚇人，因為哈格拉茲和冰雹一樣，會帶給人煩惱、不快樂。不過這個符文其實也會帶來一種「樂觀」。以考特妮這一次占卜來說，哈格拉茲代表的就是一種吉兆，因為哈格拉茲就是在告訴我們冰雹不會一直下下去，太陽終究還是會出來。頭上暴風吹襲，但很快就會遠颺。

考特尼從這一次占卜知道她先生的情況不久就會改善，因為哈

格拉茲提醒了她，讓她明白她先生的壓力不會一直都在。生活中有哈格拉茲的法力可以依靠，所以考特妮知道，風暴不能避免，但終會離去。

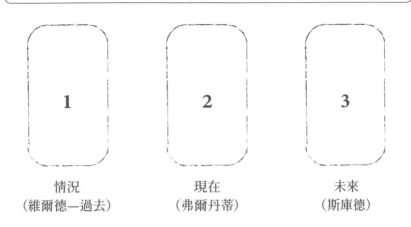

命運三女神的牌組——三符牌組

1	2	3
情況 （維爾德—過去）	現在 （弗爾丹蒂）	未來 （斯庫德）

命運三女神是北歐神話中的「三織女」，她們把每個人的過去、現在和未來編織成一塊織錦。三符牌組占卜讓我們有機會解讀三個符文，也讓我們能夠在不需要研究太多訊息的情況下深入查看狀況。

命運三女神是我行我素的種族。《詩體艾達》中第一首也是最著名的詩「弗魯斯帕」（Völuspa）又名「沃爾娲（女預言家）先知」（Prophecy of the Volva（Seeress））。我們是從「弗魯斯帕」那裡了解命運三女神的。三女神的第一個是維爾德（Wyrd），又名「過去」（the past）；第二個是弗爾丹蒂（Verdandi），又名「現在」（what is presently coming into being）；第三個是斯庫德（Skuld），另名「未來」（what shall be）。我們用這一個三符牌組呼求的，就是這三名女神；我們要向她們尋求諮詢。

你抽出的第一個符文牌要放在牌組的左側，代表你的情況以及

造成該狀況的種種因素。第二個符文牌放在第一個符文牌的右側，亦即整個牌組的中間位置。這個符文牌代表現在的狀況。第三個符文牌放在整個牌組的右側，代表如果我們不偏離目前的行動方向，未來最可能發生的狀態。

室友爭吵

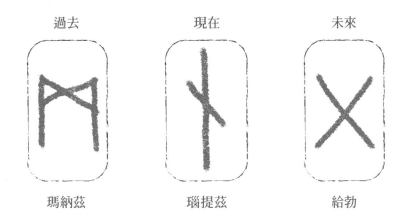

過去　　　　　　　現在　　　　　　　未來

瑪納茲　　　　　　瑙提茲　　　　　　給勃

　　艾瑞克和艾隆兩個人從小學開始就是彼此最要好的朋友，高中畢業以後，他們決定要在外面一起租房子，變成室友。艾瑞克主動負責租房子，搞定水電問題，艾隆則是負擔一半帳單就好。幾個月之前，艾隆開始遲交房租和水電費。這個月，差不多已經過去一個月了，艾隆還沒有把該付的錢付給艾瑞克。因為艾隆總是早出晚歸，又不回他的簡訊或電郵。艾瑞克雖然感覺手頭很緊，但是因為艾隆是他最好的朋友，他不想讓他難堪。

　　於是他就向符文尋求指引。針對他的過去，他抽到的是瑪納茲（Manaz），這是「人」的符文，另外也代表人與人間的關係。針對他的現在，他抽到的符文是瑙提茲（Nauthiz），代表「需求」和「受限」。這個符文說得有點露骨；沒錯，他的現狀就是和錢有關，和資源有關。不過，艾瑞克看到第三個符文是給勃（Gebo），就放心了。給勃是「給予」和「公平交換」符文，所以，不久他身上就會

發生「公平交換」這樣的一種「平衡」狀態。瑙提茲提議的是，如果要找到我們所需的平衡，你可能必須扮演讓人不舒服的角色，深入了解事情。艾瑞克很感謝這樣的建議。他現在已經知道自己該怎麼做了：他必須深入了解狀況，找到力量來和自己最好的朋友對抗，讓他理解他有責任負擔自己的一半費用。

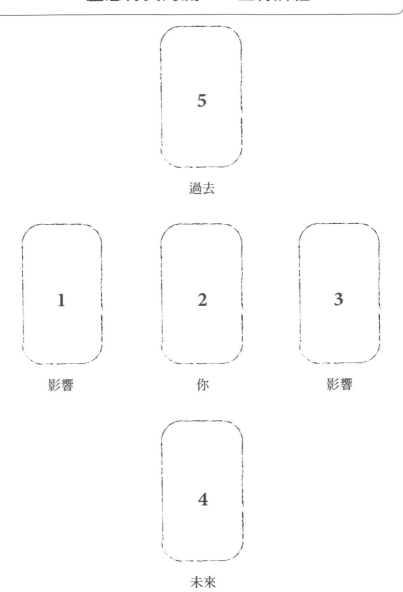

盧恩符文河流──五符牌組

5

過去

1   2   3

影響   你   影響

4

未來

盧恩符文河流（Runic River）是一組五個符文牌的牌組，能夠幫助你深入觀看你現在的狀況：你現在為什麼會這樣，目前會發生什麼事情，未來的演變會是如何等等。

　　這個牌組假想你站在一條大河的中央。每一條河流，它的河水對河流的每一部分都有影響。同理，你的過去和未來也都對你的人生河流有影響。如果你的人生河流中有「不快樂」，那麼，不論那是在過去、現在，還是未來，都會對此時此刻的你有影響。

　　在這一組符文牌組中，你抽出來的第一副牌代表你；這樣的話，你要把這一副牌放在河流中間，代表你以及你想探詢的事情。你抽的第二張牌代表「過去」，要擺在「你」這一張牌的上端，或者說是河流中「你」的後面。這是之前從你身上流過的河水，現在變成在你的後方。第三張牌代表目前現在正影響你的事情。現在從你身邊流過的河水，和過去流過的河水一樣，都會影響你。這一張符文牌要放在「你」的左邊。第四張符文牌一樣對你有影響，要放在「你」的右側。這一張牌同樣代表目前最影響你的「河水」。最後一張符文牌代表整個狀況的未來，要放在「你」的下方或前方；這是不久就要從你身邊流過的人生河流的河水。

熾亮的真相

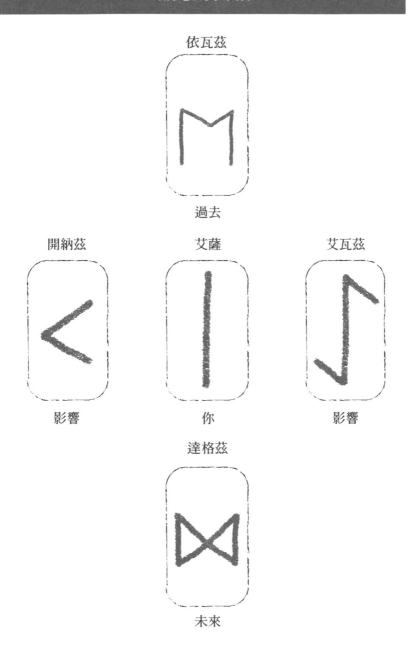

依瓦茲

過去

開納茲　　　艾薩　　　艾瓦茲

影響　　　　你　　　　影響

達格茲

未來

傑克有個女朋友，交往了六年，他希望有一天她會嫁給他。他們同居；他覺得他們確實是雙方彼此的靈魂伴侶。他私底下已經在計畫他們婚後的生活，並很高興他們以後要生活在一起。

不幸的是，他女朋友的母親最近診斷出罹患乳癌。這使他的女朋友充滿了焦慮、憂傷。她和她媽媽情同姐妹，是彼此最要好的朋友。她從來不曾面對「重病」、「死亡」這種事情，在她的憂傷的影響之下，她似乎離他越來越遠。傑克決定利用符文來了解一下整個狀況。

傑克抽出的第一張牌是艾薩──「冰」符文，「停滯」與「靜止」符文。這一副符文牌代表他以及他的狀況，亦即他目前感受到的「寒冷」，以及因為女友正在離他而去所產生的「孤立感」。第二面符文牌代表「過去」，他抽到的是「馬」符文依瓦茲。這說明問題的根源在於兩層「關係」：他和女友的關係，以及他女友和她母親的關係。他右側的符文是開納茲，這是「光明的火炬」，代表「熾亮的真相」，亦即將會對他和女友有所啟發的事情。這有可能代表「瘡疱」或「潰瘍」，也就是她母親的乳癌。他的右側是艾瓦茲。艾瓦茲是第十三個符文，代表「死亡」和「保護」。這提醒他「死神」就在身邊，而且目前還存在一種兩極對立──他和女友的關係、她和母親的關係都曾經是那麼快樂，現在卻已變得哀傷和不適。

最後一張牌，傑克抽到的是達格茲，這是「新的日子」、「好的轉變」的符文，也是「未來」符文、「結果」符文。這一副符文牌提醒他事情即將改變，會有好的轉變。這使他感覺有了希望，因為他們很早就發現乳癌，所以她母親存活的機會很大。他認為達格茲代表他們未來將會有美好的歲月。

其他牌組

　　還有很多方法可以解釋符文。同樣的，除了以上說的三種牌組，還有很多種牌組都能夠對你有幫助。符文占卜圈內有一個常見的牌組叫做「世界之樹」。這一種牌組包括九個符文，分別代表存在於艾格德拉賽的九個世界。和剛剛前面討論過的牌組一樣，我們在這一種牌組中也會看到幾個「位置」，分別代表圍繞在你身邊的各種能量以及它們各自互相影響的方式。本書末尾「資料來源」所列的幾本著作，包括保羅‧瑞斯‧蒙特福（Paul Rhys Mountford）所著的《北歐盧恩符文》（Nordic Runes），都有助於你了解更多牌組和符文文學。

　　「符文牌組」和「擲符文牌」不一樣。符文牌組有些一定的「位置」，分別代表一個整體的其中一些部分──相當於方程式中的可變數。在這種方法中，你在符文最後的解讀上扮演了積極主動的角色。但是，如果是「擲符文牌」，你卻是放棄「控制」，把影響力交給了命運三女神。「擲符文牌」是把全部的符文牌丟出去，依據它們落定的相對位置解釋其意義。這種方法比較適合擅於解讀符文、已經和符文建立良好關係的人。先往小袋子裡吹氣，讓你的「旺德」和符文的能量結合，再把符文牌擲到一面白布上，開始解釋正面朝上的符文意義以及符文之間的互動及影響。

第四章

盧恩法術

　　從討論符文占卜的上一章，你已經知道盧恩符文並非只是一種書寫系統。從古代北歐的民間故事、知識，以及考古學出土文物，我們一次又一次接觸到各種層面的符文學（runology）。古弗達克文符文給了我們機會，讓我們深入窺見周遭「看不見的世界」的運作。而且，只要方法用得對，我們還可以用這些符文向周遭的大能量要求協助，希望他們幫助我們在無論看得見又或看不見的世界都追求到成果。

　　讀者將在本章了解一些基本的符文法術以及使其為你的世界帶來改變的方法。你將在這裡解開那些強大能量的奧祕。請記住，接觸符文的人來自各行各業，每個人靈修程度或法術的熟練程度也都不一樣，你並非一定要有本章所描述的法術、儀式經驗才能夠和符文合作。不過，即使你對法術或靈修系統已經很熟練，本章仍然會對你很有用處。

起源及實作

　　盧恩符文的第一個神話故事來自《詩體艾達》。我們從《詩體艾達》那裡得知奧丁發現了盧恩符文。在《詩體艾達》中，奧丁發現盧恩符文不止可以用於書寫，符文可以用於多種宗教及法術用途，其中最重要的就是占卜。

　　奧丁前往「命運之井」的旅途以及祂後來發現盧恩符文這件事，都使我們了解原來盧恩符文是很強大的符號，可用於幫助我們從命運三女神等大力量那裡獲得訊息。《詩體艾達》和民俗故事證明盧恩符文可用於占卜，不過其用途卻遠遠不止「占卜」一端。《詩體艾達》當中有好幾首詩述及華爾齊麗・布倫希爾德以及祂建議英雄希格特以盧恩符文施法以求得安全及勝利的故事。如同我們在艾德瑞・托爾森（Edred Thorsson）等盧恩學者的巨著中所見，盧恩石等考古文物已經證明盧恩符文對人具有巨大的力量，尤其是在詛咒或降福方面更是如此。古代的北歐人會在矛槍槍頭、刀劍、盾牌和胸針，甚至是梳子上面雕刻符文。

　　最有名的盧恩石碑之一叫做比約爾克托普盧恩石碑（Björketorp Runestone），高約十四英尺，是在瑞典發現的。這座石碑和另外兩座石碑形成了一個圓圈，碑文寫說：「我，盧恩符文的主人，在這裡埋藏了強力符文。破壞（碑石）者，將永受惡意騷擾，陰險橫死。」學者不確定這座石碑到底只是墓碑，或是祭拜奧丁的祭台，抑或是標示瑞典及丹麥邊界的界石。不過有一個故事還說當地有個人因為想耕作石碑所在的那一塊地，所以計畫把石碑移到旁邊。一

個寒冷的冬日，他在石碑的基座點起火來，打算先把石碑燒熱起來，再用冷水澆上去，讓石碑裂開，這樣他就比較好搬運。但是，他才剛剛把火點起來，就颳起大風，一邊把石碑周圍的火吹熄，但是又把部分火勢吹到他身上，他的頭髮著了火，開始燃燒。他沒有辦法撲滅頭上的火，我們只能想像他最後死得有多恐怖。

不論是為自己或者是為周遭環境事物，要用盧恩符文作法，有好多種方法，盧恩符咒（runescript）是其一。寫盧恩符咒就和你用英文字母拼字一樣，用符文連續寫出一個類似方程式的符文字串。另外我們也可以創作「連接符文」──幾個符文連結在一起──幫助我們全神貫注在數個符文合併起來的目的及意圖之上。此外，我們還可以用「幻奏歌」（Galdr）形式唸誦符文，也可以把符文「寫」在食物上面吃下去，把符文的能量和法力輸送到我們體內。

⋯⋯⋯⋯⋯ 盧恩法術的原理 ⋯⋯⋯⋯⋯

要用盧恩符文作法，第一個基本原理是要先確定你已經和符文建立健康的、穩定的關係。要和符文建立良好的關係，你必須每天都抽一個符文來做理解、寫日記、發掘其能量，找出它在你日常生活中顯化的跡象。要和符文維持長久的關係，一個聰明方法就是拿符文來打坐、冥思，以供奉物供養它。

在這件事情上，為符文設置祭台或許很適合。請記住，符文代表的是一些強大的力量，這些力量都是構成我們生命「布匹」的絲線，所以你必須尊敬並尊重他們。就有人說，每一個符文都代表一

個人（wight）或靈。信不信由你，但是如果想和符文合作作法，你就必須以健康神聖的態度看待符文。

要用符文作法，最好的參考依據就是《詩體艾達》和《散文艾達》。我們從這兩本《艾達》當中得知奧丁以矛槍刺穿自己，以這種方式犧牲自己，而在世界之樹底下發現了盧恩符文。這個神話是所有符文法術的根據。我們都承認，也了解，奧丁是「把盧恩符文帶回來」的角色，也了解祂為此所做的犧牲。

「犧牲」這一回事在盧恩符文的發現之上扮演了很重要的角色，也要在你準備藉由符文進行的法術或宗教儀式中扮演重要的角色才對。從護身符、護符的加持及祝福，到呼求諸神為某一狀況塑造特定的結果，有好幾種儀式都可以用符文來進行。但不論你的願望是什麼，在儀式中你都要呈獻供養或犧牲。

我們現在作法時使用符文的方式和我們的祖先有很多不同之處。艾德瑞・托爾森、弗瑞雅・亞思文（Freya Aswynn）、拉爾夫・布魯姆（Ralph Blum）等人帶給我們的是現代人的詮釋法和法術。西元一四〇〇年的年代，符文法術在冰島再次復興，這一次的符文法術叫「加爾德拉斯塔菲爾」（Gradrastafir），亦即「冰島魔符」（Icelandic Magical Staves），依據的是眾男神、女神，以及和符文有關的民俗故事、神話。貴多・馮・李斯特對於符文的復興以及二十世紀的新異教（neopaganism）有相當大的影響。他帶給我們的阿瑪尼符文是他經歷一次十一個月的失明之後直覺到的一套符文。

本書敘述了幾種法術，也做了一些相關解說。符文儀式最基本的是必須在隱密或聖潔的場所、受到保護的圓圈，或是潔淨神聖的

屋內或空間舉行。開始作法之前,很重要的就是自己要淨身,同時要清潔場所,方法隨你自己而定:你可以用煙燻法(smudging),也可以花精(flower water)、古龍水或是任何傳統的靈修清洗法清洗。

淨身及場所潔淨完成之後,大家圍成一個圓圈開始唸誦符文:首先面朝東方,唸出「菲胡」,接著往右小角度轉向,唸出「優魯茲」,接著再小角度轉向唸出「日理沙茲」,再小角度轉向唸出「安蘇茲」,依此類推,回到原點的時候,你口誦的是(古弗達克文)最後一個符文「歐瑟拉」。如果你還沒有唸到「歐瑟拉」時已經轉回到原點,那麼你就站在原地,面朝東方,把所有的符文唸完。整個過程中,你可以一邊唸符文,一邊想像符文的顏色——任何顏色都可以。但如果你是使用符文在清潔或聖化場所,那麼請你想像那些符文閃耀著白光。白色是「潔淨」之色,是「具有清洗力之能量」的顏色。能夠想像我們要與之合作的能量是什麼顏色,這種能力有助於促成我們想要的結果。

這樣唸誦符文完畢之後,接下來你開始呼求所有將參與你儀式的眾神、祖先,或是神靈。呼求過這些存有之後,儀式就此開始。你先呈獻供養或犧牲,持咒,或是講一段神話故事,或是祈禱;這些都會幫助你顯化你期望的結果。完成這一部分之後,你開始坐下來冥思、打坐,或行禮敬,做多久看你自己的需要而定。這一部分完成之後,敲擊祭台三次,或者是跺腳三次,為整個儀式做個結束。

盧恩護符

　　護符是一個物件或符咒，通常可以戴在身上或隨身攜帶，用來趨吉避凶，或是透過「許願」帶來好運。

　　護符，尤其是有盧恩符文的護符，有多種型態，通常體積都是小小的，大部分時候都可以帶在身上，或是放在你的近身之處。然而，你的交通工具或行李如果寫上符文，又許了願，這個車子或行李實際上就成了符文護身符。譬如，你就可以在鑰匙環上面寫上「拉依多」符文——代表「旅途平安」——當作禮物送給朋友或家人，或在項鍊上寫上「優魯茲」符文——代表「力量和活力」戴著到體育場運動。

　　要做護身符，任何材質都可以，不過還是以有機材料為最佳。盧恩符文是從地球和宇宙釋放出來的強大能量，所以用同樣來自地球的材質來做很適宜。可是，如果你找不到有機材質，用化合材質暫代也可以。最好是用木材、石頭、鹿角、骨頭或皮革，或是紙、羊皮紙也很好。護身符可以做成戴在身上的項鍊或戒指，也可以做成擺飾放在近身之處或祭台上，也可以當禮物送人。

　　前面有討論過，製作護符要遵循供養和犧牲原則。找到可以製作護符的材料之後，你要舉行小小的儀式，對管該材質的神靈呈獻供養。古代北歐人相信「萬物有靈」（animism），也就是說，在大自然中，從石頭到河流到山峰，無一沒有神靈，所以你的護符最好的求助對象就是隸屬於該材質的神靈。

　　護符上面要附上符文，有好幾種方法。你可以使用工具雋刻；

如果是木材或骨頭，也可以燒灼上去。你還可以用自己的血液為護身符染色；這個步驟非同小可，因為這樣可以把你的生命精華灌注到護符裡面。如果你決定使用血液，請記得要注意衛生及安全（請參閱第四十一頁的引血安全守則）。但是，護符只要染了你的血，就不可以再送給別人。

本書這一部分，我們會論及自己製作符文護身符以及為其加上銘文的方法。你的護符可以只畫一個符文，也可以寫上符咒或連結符文。符咒適合用來施咒，建立保護或防衛力力量、愛或豐裕（abundance）；連結符文很適合用來將小銘文中符文的力量凝聚起來，符文書寫面積很小時特別適用。

符咒

符咒是將不同的符文連接而成的，就像用字母拼寫單字一樣。符文咒可以是一個字，也可以是好幾個字合併成句。你想出自己要的咒語之後，傳統做法都是在字的上方和下方個畫一條直線，幾乎像是個盒子。一般來說，會將符文連接成字。這種做法可以把各個符文的力量連接起來，為整句咒語加持並啟動之。

要經由符咒將符文的力量灌注到護身符中有很多種方法，其中比較複雜的包括按照符文在古弗達克文中的位置，分配給它一個數值，然後透過類似的方程式運算符文，為符咒創造價值。還有一種符咒是用符文拼寫單字，亦即將自己語言中的一個字或幾個字翻譯成古弗達克文。這種方法有幾種流行版本常常用在日常生活中，譬如將自己的名字或「愛」或「希望」等詞彙翻譯成符文咒。另外有些符咒則是符文本身獨立成句，句中每一個符文的力量都灌注到整句咒語中。以上，不管你是以哪一種方法運用咒語，你都要明白其中每一個符文個別的力量仍然會發生作用，所以你創作符咒的時候一定要記住這一點。用你的名字所作的咒語是「強大咒語」的一個實例。譬如，若將作者的名字 Simonds 翻譯成古弗達克文，將會形成這樣的咒語（索維洛－艾薩－瑪納茲－歐瑟茲－瑙提茲－達格茲－索維洛）：

符咒通常由三、五、七或九個符文構成。傳統上，一般三個符文的咒語是用於祈求成長及豐饒；五符咒語用於防衛和保護，趨吉避凶；七符咒語用於愛情魔法；九個符文的咒語用於改運，或者是改變「命運之井」中的後續的「漣漪」。不管你是為了符文本身的力量直接運用個別符文，還是將英文字翻譯成符文字，抑或是經由咒語做複雜的方程式運算，傳統上，你做出來的咒語都要是均衡的。如果要將英文字翻譯成古弗達克文，一定要記住如果原英文字中有字母連續重覆，在咒語中不必一樣重覆。譬如，如果要將 blossom 這個字翻譯成古弗達克文，其中連續的兩個 s 只要翻譯出一個即可：貝卡納－拉古茲－歐瑟拉－索維洛－歐瑟拉－瑪納茲。

　　選取符文時要簡單扼要，不要使用過度符文，造成咒語的力量糊成一團。你的咒語一旦選定了，接下來就是要選擇銘刻咒語的材料。你可以將咒語銘刻在鹿角、骨頭等堅硬物體表面上，也可以寫在紙上。前者的做法將使你的護身符和你選用的材質一樣可長可久；後者則是可以變成一種強大的法術，亦即將那一張紙點火焚燒，把咒語強大的力量「解鎖」或釋放出來。另外你也可以創作要呈獻在祭台上的咒語。若是銘刻在石頭或水晶上面，就好好保存起來，在必要時隨時可以拿出來應用。

珍的符文之旅

譬如說，我們都在看珍會如何在生活中運用符咒。她可能會用的一句咒語是自己的姓名耶拉－艾瓦茲－瑙提茲。這是一句很基本的咒語，不僅隨時隨地可用，也可以銘刻在項鍊、護身符上面，甚至刺成刺青（不過，如果要刺青，必須要基於互相尊敬和尊重，先和符文建立良好的關係。）看得出來珍在這一句簡短的咒語中把耶拉的力量（循環、收成、勞作）帶出來和艾瓦茲（關係、信任、忠誠）以及瑙提茲（「需求之火」）交互作用（「需求之火」使珍得以從原本使她難以振作的狀況掙脫，不再受那種狀況限制。）

由於珍正好也懷孕了，所以她也希望能有一句咒語能夠在懷孕期間那脆弱的幾個月保護他們母子，保佑他們健康。她創作出來的這個符咒是像這樣：日理沙茲（面向左）－貝卡納－殷瓦茲－貝卡納－日理沙茲（面向右）。

我們在這一句咒語中看到五個有助於「防衛」和「保護」的符文，但是我們也看到了一句非常對稱的咒語；整句的最外面是兩個日理沙茲，分別指向兩個方向，可以抵禦外來的力量。這兩個日理沙茲的裡面，我們看到的是兩個貝卡納；這是「生育」和「健康」符文。最後，整句咒語的中間是殷瓦茲；這是偉大的「種子」符文，又一個「生育」和「健康」吉兆。

　　製作好了咒語，接著把咒語銘刻到護符上面。她的名字很適合刻在項鍊上；而在她懷孕期間具備「健康」和「保護」作用的咒語則是適合寫在她經常繫的腰帶上面。

連結符文

　　連結符文是幾個符文的結合體，通常有兩個或兩個以上的符文，符文可以上下排列，也可以是任何美觀的排列法。包括艾德瑞‧托爾森在內，符文學者認為連結符文在維京時代很少見，但是在中古時代的原始諾斯語時代（Proto-Morse era）以及在其之後卻很常見。也有學者說連結符文是運用符文法術最有效的方法；而且，和任何一種法術一樣，施法以簡單為上，而且你的意願要清楚而強烈。眾人相信連結符文的力量比個別符文的力量相加起來要來得強大。

　　製作連結符文有多種方式。古典版的連結符文總是幾個符上下排成一行，看起來會感覺每個符文各自獨立。這種連結符文歷史上常見於武器、工具和紀念性符文石，作為保護性咒語或部落印記之用。藍芽（Bluetooth）就是這種連結符文實例之一。藍牙符號是將新弗達克文的哈嘎爾（Hagall）和比亞肯（Bjarkan）這兩個符文，或說是「H. G」合併而成；亦就是古代丹麥國王「藍牙」哈洛德一世（King Harold "Bluetooth" the First）名字的縮寫。你可以像這個連結符文一樣，運用符文製作連結符文，成為代表你姓名縮寫的印記。歷史上還有一種很有名的連結符文，叫做「吉布奧亞符文」（Gibu Auja bindrunes），發現於六世紀的斯堪地那維亞。「吉布奧亞」的意思可以翻譯為「我給予幸運」，是給勃和安蘇茲兩個符文合併而成，因為很簡單，所以很有效。

　　另外幾種連結符文之一是「輻射符文」（radial bindrunes）；這種符文見之於「冰島魔符」之中，通常以自然界常見的圓圈狀呈

現，符文在其中的位置就像輪子的輪輻一樣，或者是呈對稱輪狀。冰島最有名的連結符文是「維格威賽爾」（Vegvisir）和「敬畏之盔」（Helm of Awe）。據說這種符文常常是用血寫在額頭上，背後的概念是這種輻射狀符文是為一時的用途創作出來的，只有需要的才能「配戴」。從民間習俗、故事中所知，這種符文除了用血寫在土壤中之外，另外有一些卻是要給人吃的，也就是說會先畫在食物上再讓人進食。有時候這種符文是先刻在物件之上，然後把物件燒掉，釋放其詛咒力完成人意圖達到的事項。

但是，不論你如何創作這種符文，使用這種符文，你都要了解並尊敬你需要用到那些符文的力量；這樣的敬意有助於使你欲望成真。

智慧、力量、保護

左側附圖是我為刺青用途而創作的一個連結符文。

你會看得出來這一個連結符文是四個符文連接起來的。按照芙瑞雅‧亞斯文所說，艾瓦茲在這裡擔當了「脊椎」的角色，整個符文就是建立在這支脊椎之上。會用到艾瓦茲，表示我們承認這個符文帶來的保護作用。身為職業靈媒，我會用這個符文來增進我和「看不見的世界」以及「亡者界域」的連結。

這個連結符文中，艾瓦茲這支支柱上最上面的符文是提瓦茲；提瓦茲是「力量」、「正義」、「保護」、「業力平衡」以及「自我犧牲」符文。這裡用到提瓦茲，是為了培養「正義戰士」精神，讓這個戰士保護弱者免受強者侵凌。提爾是眾所周知的天神、戰神，提瓦茲這個符文在這裡是要幫助承擔者面對欺詐的力量要保持堅強。

下一個符文是奧丁符文安蘇茲。安蘇茲是「呼吸」、「智慧」和「溝通」符文。把這個符文放在這裡，是為了促成奧丁降臨靈修或通靈場合，將天上的訊息傳遞下來。此外這也是請求讓我們的日常生活具備奧丁的智慧。

最後一個符文是優魯茲。優魯茲是「奧羅克」符文。由於不論是生活的哪一個層面，我們最大的期望都是健康、強壯、有活力，所以把優魯茲放在這裡，就是希望把活力帶到所有的事情當中，不管那是神祕的或世俗的事情都一樣。

製作護符

你需要準備的：

材料：

- 木材、骨頭，石頭、皮革、黏土、貝殼或紙張等可以在上面銘刻或書寫符文的材質。
- 油彩、墨水或血液等天然染色劑。
- 銘刻或書寫完成之後的符文要用的蟲膠或清膠塗保護層。
- 吊掛護符用的皮索、鍊條。
- 水晶、羽毛等天然物品，可以用來裝飾你的護符。
- 事先把要銘刻的符咒或連結符文寫下來以供參考。

工具：

- 雕刻刀、燒灼器或電動雕琢刀。
- 優質小油刷。
- 安全護目眼鏡。
- 如果要取血的話，請準備引血針、酒精棉和繃帶（請參閱第四十一頁的安全守則）。
- 急救箱。

　　要自己製作護符，用什麼材質都可以，但是我們前面也討論過，用有機材質是最好的。你透過護符所駕馭的，是地

球和宇宙的力量，所以，可以的話，就要用有機材質來做，這一點很重要。

配合這些指示的目的，我們姑且假設要用木材來做護符。製作護符的木材種類挑選上，松樹、冷杉等軟木要比楓樹、樺樹等硬木適合，因為硬木在陰乾期間或加工的時候很容易裂開。我們會用取自松樹的圓木片來做護符，同時在木片靠近邊緣之處鑽一個小孔作為繫細繩或鍊條之用。

材質選好之後，你會開始思考自己為什麼要製作護符。你是為了吸引愛情？為了趨吉避凶？要不要讓你的護符具有療癒能力？在這裡，你的意圖是最重要的；尤其對於你要選擇哪些個符文來做你的符咒或連結符文更是重要。

心裡想好了印記之後，開始在護符上刻或燙這個印記。你應該要把這件事當作一種儀式看待，對你即將開始呼求的力量保持一種敬意。這時候也很適合用薰香讓自己進入入神狀態或半冥思狀態。刻符文或燙符文之時，你必須全神貫注在符文上面。刻好或燙好符文之後，穿入細繩或ㄌ鍊條，打好結，另外你也可以用小石子、羽毛等自然材質增添一些裝飾。

現在，你的護符已經完成，可以為它加持能量了！穩穩拿在手裡，意念集中，把你的力量灌注到護符中，把你所要的能量灌輸到其中。另外，你也可以把它放置在滿月的光芒之下或水晶格當中加持能量。

其他法術

一如你至目前為止所知，盧恩符文法術，從占卜到護身符製作，種類有很多。盧恩符文法術種類很多，可以幫助你深入理解符文法術的資料也很多。本書末尾（第一百六十三頁）的「資料來源」有很多可靠的資料可供大家參考。

「幻奏歌」是大家最喜歡的盧恩法術之一。「幻奏歌」亦即唸誦符文。即使沒有受過正式的訓練，你也可以自己製作幻奏歌，唸誦的符文可以是一個，也可以是多個。譬如，如果感覺身體很溫熱或是情緒太過亢奮想讓它冷卻下來，你可以口誦「艾薩」這個符文來鎮定情緒之「水」，當唸出來的時候把每一個音拉長，講成「艾薩——」，一次一次重複，同時一邊想像「冰」的冷卻力開始滲入你的身體或情緒當中。

另外有一種盧恩法術，叫做「斯達哈吉加爾德」（Stadhagaldr），或說是「盧恩瑜伽」（yoga-like positions）。盧恩瑜伽可以把符文的力量送進身體裡面。盧恩瑜伽的作用在於駕馭你腳下地球的各種力量，將這些力量送進你的身體，然後使之存在於你的體內。盧恩瑜珈是二十世紀德國的盧恩師父（runemasters）發展出來的。

盧恩法術絕對不只占卜、護符銘文而已。你可以製作盧恩祭台，可以用盧恩符文來冥思、打坐，也可以唸誦符文，甚或「攝食」符文——在食物上「寫」下符文之後再吃。盧恩法術可以一次只做一種，也可以一次做幾種法術，使之相輔相成。

但不論你做的是哪一種法術，你都要持之以恭敬之心，還要呈獻「供養」；你必須尊敬、感激，因為盧恩符文值得你這一切。

部三

盧恩符文的意義
Rune Meanings

本書第三部分，我們將深入古弗達克文三族符文內的每一個符文。這三族古弗達克文，第一族叫做弗瑞雅族，第二族海姆達爾族，以及第三族提爾族。

我們將會討論每一個符文的發音和別稱，並將其字意翻譯出來，最後還會附上與它有關連的關鍵字。然後我們會敘述每一個符文一般性的資料。這種敘述是要作為你和符文之關係的起點。前面說過，你和符文的關係，還有它對你產生的意義，是你擁有最為首要且最大的權威。

你會在敘述的內容中學到一些占卜及法術的資料，以及盧恩民俗學當中和該符文有關的知識。前面說過，符文的翻譯是一種「奧祕」，以下的篇章將成為你的符文探索之旅一路上的快速參考點。

願盧恩符文及其奧祕永遠與你同在。

第五章

弗瑞雅族

　　古弗達克文的第一族屬於弗瑞雅。弗瑞雅是瓦尼爾生育及富裕女神。這一族有八個符文：Fehu（菲胡）、Uruz（優魯茲）、Thurisaz（日理沙茲）、Ansuz（安蘇茲）、Raidho（拉依多）、Kenaz（開納茲）、Gebo（給勃）和Wunjo（溫究）。第一族符文首先介紹古弗達克文，二是要協助我們了解北歐人生活的重要面向，以及在他們的宇宙世界觀裡所重視的那些東西。我們在菲胡和優魯茲兩個符文中發現了牛，有野生的，也有馴養的；在日理沙茲和安蘇茲兩個符文中發現索爾和奧丁；在拉依多，我們發現的是戰車（chariots）和運動；在開納茲，我們發現的是火和光明（illumination）；在給勃，我們發現禮尚往來（equal reciprocation）；在溫究，我們發現的則是良善生活帶給我們的歡樂及福佑。

菲胡 FEHU

亦寫成：Fuhu, Faifhu, Feh, Fe
譯為：牛（cattle）
關鍵連結字：牛、財富、富裕、錢

||||||||||||||||||||||||||||||||||||||||||||||||||||||||||||||||||||

•• 意義

　　英文的 cash cow（現金牛；長期穩當賺錢的產品或投資）所說的正是菲胡這個符文所描繪的能量。菲胡是古弗達克文的第一個符文，弗瑞雅符文族的第一個符文，意指「富裕」，字面直譯為「牛」。古時候，尤其是人尚未以金、銀為貨幣之時，最具有財富象徵意義的，最令人敬重的財富代表物就是牛。

　　菲胡，作為弗瑞雅符文族的第一個符文，相當於富裕、興旺，尤其是來自地球豐沛的資源。牛和所有的動植物、礦物一樣，源自於地球，維生物資取自於地球，生命最後也要回歸地球。數千年來，牛和各種牲畜供應給人肉類、鮮乳、起司和皮革等等生活物資。古時候，擁有大群牛隻，象徵巨大的財富。菲胡就是財富重大的指標，總的來講也是一個「幸運大符文」。

　　這個符文指稱富有及財物成就，甚至象徵動態財富，尤其是「投資」。對古時的異教徒而言，擁有財富非常重要，但如果私藏

財富，卻會令人鄙棄。因為他們知道，財富要活動才會創造更多財富。讓財富散布到家人之間、社群之間才是正確的，而且一定要確實做到如此。菲胡符文雖然界定為「財富」，但是卻也在提醒大家謹防人心貪婪，而且不要一味只用於滿足個人目的。

不管現代人對於財富有什麼看法，古人都認為創造財富、獲得財富是好事。即便是瓦尼爾諸神、女神，祂們也都是「富裕」和「財富」之神，以樂善好施著稱。瓦尼爾的孿生姐弟弗瑞雅和弗瑞爾是主要的生育女神和財富之神，有時候會有人向祂們求助讓作物豐收，作物豐收就能夠養大批家畜、家禽。

後來，菲胡漸漸變成指稱「錢」，而財富也變成由金、銀來界定，不再是用牛隻、牲畜來表現。但即使是金、銀這麼寶貴的礦物，一樣也是來自地球。再說現代人實在也收藏了太多金、銀。古代北歐人當中的戰士階級維京人，他們心目中，財富只要能夠讓他們擁有農場就夠了，因為，農場——尤其是富裕的農場——在他們就是巨大財富的象徵。但菲胡雖是「富裕」符文，視鑄造物上所見的符文而定，有時候卻表示你不要再繼續積攢那麼多財富。

沒有付出「創造」的行動——辛勤工作、藝術創作，或是耕耘田地——就無法創造「富裕」。所以，菲胡是神奇的「生產」符文，也是一般性協助創造財富的符文。請記住這個符文是警示你不要「凍結」財富的符文，因為這個符文的能量是動態財富的能量。

‥ 法術

菲胡可以大幅提高你的生產力和帶來富裕。工作的時候，或從事任何有助於創造富裕的事情之時，都可以唸誦這個符文，將這個符文的能量引進你的生活之中。你也可以用金黃色墨水把菲胡符文寫在你的帳簿裡面，或寫在紙上，然後收藏在你的皮夾裡或你放錢的任何地方。

盧恩符文知識中的菲胡

對地球女神涅特絲（Nerthus）而言，牛非常神聖，而且會提醒我們所有的富裕都來自地球。我們吃的糧食、飲用的液體以及我們所享用的一切，無不來自地球和女神涅特絲。祂是泉源及繁榮女神，很多北歐異教徒都崇拜涅特絲，希望有個富饒的季節。

菲胡是弗瑞雅符文族的第一個符文，所以顯然和這個生育女神有很強的連結。弗瑞雅的弟弟弗瑞爾身為生育之神，和牲畜關係密切。你甚至會想像到菲胡符文的字體看起來和牛角多麼相像。你可以運用這個符文為自己創造財富、興旺及富裕，但是也要記得菲胡有教導我們錢和財富都要活動才會增加；諸神賦予我們這些，卻也可以輕易奪走。

優魯茲 URUZ

亦寫成：Ur, Urus, Oruiox, Urox

譯為：野牛（Auroch, wild ox）

關鍵連結字：牛、健康、活力、力量

||||||||||||||||||||||||||||||||||||||||||||||||||||||||||||||||||||||

•• 意義

優魯茲是奧羅克（aurochs）符文。奧羅克是幾百年前漫遊於歐、亞、北非大陸的一種野牛。一六二七年，最後一頭在波蘭遭到獵殺，這一種野牛終告滅絕。奧羅克是牛的祖先，菲胡之牛的先驅。

優魯茲是「地球原始能量」符文，和菲胡符文不一樣。菲胡先於優魯茲而存在，而優魯茲則是未馴化野性潛力的符文。優魯茲代表健康、活力和耐力，同時也是「勇氣」符文，總是在提醒我們要適度運用我們原有的侵略性。奧羅克以其力氣以及難以馴化著稱。我們的祖先非常尊敬奧羅克，所以常在洞穴壁畫中畫這種野牛。這種洞穴壁畫在歐洲各地都有發現。

歷史上常將優魯茲符文解釋為非常雄性的符文，帶來的力量能夠幫助我們保持健康和活力，增強能量。古代的奧羅克除了人之外，沒有天敵。想像一下牠們在歐亞及北非的平原和森林中漫遊，那種陣勢幾乎無法阻擋。所以難怪我們的祖先這麼重視牠們！

優魯茲還能夠預告重大的變化。優魯茲是「創造」符文，和偉大的安敦姆拉一樣。安敦姆拉以自己的乳汁餵食第一個巨人依祕爾。優魯茲符文還是「潛力」符文，有很多泉源從優魯茲那裡發源，就像乳汁來自乳房一樣。優魯茲是創造之力，拆除舊的，建造新的。優魯茲是「顯化」符文，幫助我們從內在找到力量，把自己想像的東西創造出來，不論你是想建立全新的自己或任何事物都可以。

優魯茲的其一解讀為「該好好注意自己的健康了」。活力、健康還有技藝在古代北歐備受尊崇，而這種尊崇在維京文化當中最為明顯。「力量就是權利」（Might is right）很可能是他們的座右銘。另外，和他們的維京神靈先驅很像的是，這個符文可以解讀為保護你的資源，並鞏固你的力量。抓鬮或占卜時抽到優魯茲意思很可能是「該是放下固執態度的時候」，不要再像「牛進了瓷器店」那樣到處亂衝亂撞了。就像是在講頑固的托魯斯金牛一樣，優魯茲符文的能量也許是在告訴你要很勇敢的退後一步，好好了解自己的局限。

在古代北歐，沒有什麼動物像奧羅克那樣以「勇氣」著稱。因此之故，優魯茲這個符文才會不僅意指力量，也代表勇敢。有力量而無勇氣，或不敢運用一己之力，往正確的方向發揮，就會像瓷器店中撞壞一切的牛一樣；我們都不想變成這樣。

•• 法術

優魯茲符文用在健康、活力問題上是很神奇的符文。用紅色墨水把優魯茲畫在身體上可以增強你的力氣，特別是在參加運動競賽

或操練之前畫上更為有效。感覺精神虛弱、疲勞之時,用手指在額頭上畫優魯茲可以恢復活力。

盧恩符文知識中的優魯茲

　　奧羅克的角很有名,有時候兩角展開寬度可達六呎,很多人都想要擁有這樣的一對牛角。古代北歐異教徒最著名的飲酒器就是牛角,男人是不是真男人,會從一次喝下多少酒來判定。在整個歐洲,歷史上偉大戰士的墳墓常常發現有象徵力量及活力的飲酒牛角。《散文艾達》告訴我們,雷神索爾受騙用一支大牛角喝酒,牛角裡面裝的是全部的海洋;祂盡其所能盡力喝的時候,在所有海上造成了海潮。作為一次飲酒比賽的一部分,祂這樣飲酒嚇到了巨人世界約頓海姆(Jotunheim)的巨人烏特加達羅基(Utgarda-Loki)。人──或是神──只有力氣這麼大,才有辦法喝下那麼多酒;這就是優魯茲的力量。

日理沙茲 THURISAZ

亦寫成：Thorn, Thursis, Thurs
譯為：巨人、魔／妖怪、荊棘、雷神
關鍵連結字：騷擾、破壞、保護

||||||||||||||||||||||||||||||||||||||||||||||||||||||||||||||||||

•• 意義

　　日理沙茲是雷神索爾的符文。這個符文是破壞者的符文，也是保護者的符文。這破壞是針對你所處的現狀，而保護的對象則是你。反過來說，日理沙茲符文也是幫助你「保護」的符文，是刺傷你也保護你的荊棘。

　　日理沙茲可以顯化為厄運，使你生活失去穩定，意思是，你也許會遭遇重大的挑戰和某種生活的動盪不安。不論你是在身體、情感、靈性或心智感覺受到攻擊，都是這個符文的呈現。它讓我們知道某個方面有所堵塞，雖然一時還看不出來是哪一方面，但是你要信任這個符文，因為它很快就會讓你知道。在其最基本的意義上，你目前是受到了什麼「力量」強過於你的組織或他者的抵制，但是符文會鼓勵你盡你所能採取守勢。

　　日理沙茲可以用「荊棘樹籬」來比喻。你要是想像自己站在這一排樹籬的裡面，你會覺得自己受到了這一排樹籬的保護。這時

候，它對你而言就是「保護」符文。現在若是再想像你站在這排樹籬的外面，這時你必須跑到另外一邊去。這種情形在很多方面，代表你生活中有不得不處理的「荊棘」，不論那有多痛苦都由不得你。

這個符文和「殺巨人者」（the Giant Slayer）索爾有關聯。巨人是北歐神話中專事破壞的生靈，非常可怕。索爾自己也長得像巨人，但是祂保護九個世界，使之免於巨人的摧殘。索爾不是戰爭之神，而是保護之神。祂揮舞大鐵槌謬爾尼爾（Mjölnir）保護中土阿斯加德等幾個世界，以免被巨人摧毀。就這一點而言，日理沙茲就是我們需要祂保護的巨人，但也是我們用來保護自己的大鐵鎚。

這個符文也鼓勵我們要力求大自然各種力量的平衡。在盧恩符文知識中，索爾雖然披著「殺巨人者」斗篷，但是祂並沒有把九個世界的巨人趕盡殺絕，只是殺掉一些，達到「平衡」就收手。這就表示，你必須維持自然環境中各種潛在力量的平衡。日理沙茲是古弗達克文中力量最強的符文，很像自然界那些不可思議的力量，所以必須予以制衡。

日理沙茲也代表一些邪惡的超自然存有。這個符文可以翻譯為「巨人」、「魔鬼」或「妖怪」等等，會讓你知道你身邊有一些負面的「靈力」（spiritual forces）在作祟。你如果不顧他人的反對而作占卜以要求指引，特別容易招惹這些靈力。那些巨人種族，或者說是約特拿（Jotnar），就是北歐諸神的祖先，也是祂們的反對者。

•• 法術

　　以日理沙茲作法必須要很小心，因為它是最強大的符文之一，可以用來和其他符文合用，增強符文或符咒的力量。用手指在額頭畫這個符文會帶來不可思議的能量。你也可以畫一整排的日理沙茲，字排排頭對準外面，這樣可以把負面能量阻擋在外面。

盧恩符文知識中的日理沙茲

　　索爾是古代北歐的雷神，祂在古代北歐人生活中是至高無上的。祂是三分之二的巨人，威力幾乎無人可以匹敵，不管到那裡，手上永遠拿著鐵鎚謬爾尼爾。古時的北歐人每當看到天上出現閃電，就認為這是索爾的鐵鎚在保護中土免於混沌代理人——亦即約特拿——的破壞。歐洲人皈依基督宗教之前，索爾在整個斯堪地那維亞半島和北歐的玄異教派中一直備受尊敬。人常常呼求祂護佑平安，降福給人、地方或事件。婚禮也用索爾的鐵鎚當作吉祥物。所以祂的鐵鎚既是破壞，也是庇佑。你會看到謬爾尼爾的垂飾在今天是很時尚的代表，很多新異教徒和阿薩特魯（Asatru）都很愛配戴。

安蘇茲 ANSUZ

亦寫成：Aza, Oss

譯為：神、嘴巴（mouth）

關鍵連結字：奧丁、神、溝通、智慧

||||||||||||||||||||||||||||||||||||||||||||||||||||||||||||||||||||||||

‥ 意義

奧丁是以文字、詩、智慧還有溝通著稱的神，而安蘇茲正好代表這一切。一般情形下，安蘇茲是「溝通」符文，也是「文字」符文。當我們運用說話的能力、寫詩，以及施咒的時候，召喚的就是安蘇茲符文，也就是奧丁的符文。

安蘇茲也是「空氣」符文。空氣主要是奧丁的領域。長久以來，大家都認為智慧和知識即是力量（power）。古北歐人最重視的就是力量。人如果像盧恩知識當中所說的奧丁那樣，行萬里路，到處學習，就會受到尊敬，因為祂會把知識帶回來給自己的社群。知識豐富的人，大家都會去尋求祂的建議和指導。

安蘇茲也是「呼吸」符文。在盧恩知識中，奧丁是給人精神和氣息的神。在人生之路上有所進展，沒有什麼技巧比溝通的能力來得重要。這就是安蘇茲符文預告的東西，也就是一切型態的溝通，以及伴隨而來的巨大力量。言語非常重要，運用時必須謹慎，因為

言語如同覆水難收。所以在安蘇茲符文中，言語是和智慧連在一起的。講話需具備智慧，否則就會惹禍上身。

　　古北歐文中有一個字 Anza，就相當於安蘇茲符文。Anza 的意思是「回答」或「注意聽」。英語 answer 也含有安蘇茲在內。這個符文，不論是在文字或是在說話，永遠和溝通有關。有這個符文出現，就表示你可以適當表達你的意見，記錄旅途中的事情，還有寫作。這個符文同時也鼓勵你唱歌。你可以思考一下你目前的生活中是不是很需要與人溝通，並了解一下哪個部分最迫切。你要發揮智慧做聰明而明確的溝通，了解眾神喜歡文詞美妙的話語。華勒斯·史蒂芬斯（Wallace Stevens）說：「詩人是隱形的僧侶。」

　　由於安蘇茲也和「神」這個概念有關，所以其也有深入研究大奧祕，增加對「玄異教派」的知識和智慧以創造生命深度的意思。這個符文的出現很可能表示該要開始尋求那種奧祕，因為古人常常向奧丁尋求智慧和知識。要了解每個時代的人都不可思議地尊敬話語，學習慎言，而教育也會幫助你變得力量強大。要注意自己和人溝通的方式，並了解這種方式對身邊的人會有什麼影響。

•• 法術

　　安蘇茲是「呼吸」符文。你可以運用安蘇茲能量建立良好的呼吸技巧，好讓自己心智清明。安蘇茲符文也可以用來唸誦和施咒，創造意識轉換態（states of altered consciousness），幫助自己在靈性層面找到智慧。

盧恩符文知識中的安蘇茲

前面說過，盧恩符文是奧丁神帶來給我們的；另外，我們也知道「盧恩」的意思就是「奧祕」。奧丁倒吊在命運之井上方，把它的奧祕和力量帶回來給我們。我們深入探討這些奧祕之時，用的就是安蘇茲能量，並且在這裡同時榮顯了這一位「老人」（Old Man）。在北歐知識中，奧丁熱烈追尋靈感之酒（Mead of Inspiration）或米德詩酒（Mead of Poetry），因為祂追求知識的慾望永遠不會滿足。任何人喝了這種酒，都會變成學者或詩人，所以在北歐神話中，這種酒成了大家最熱烈追求的獎品。奧丁和盧恩符文的關係顯示祂是話語和奧祕的冠軍及守護者。我們不但要謹記這一點，而且每次運用符文時都要讚嘆祂。

拉依多 RAIDHO

亦寫成：Raitho, Raida, Rat, Raeith

譯為：旅程、騎乘、車輪

關鍵連結字：旅行、移動、運動、韻律、旅途

||||||||||||||||||||||||||||||||||||||||||||||||||||||||||||||||

•• 意義

　　和古代北歐的很多事情一樣，拉依多是圍繞著馬——尤其是馬力運輸——所演進發展。拉依多是馬拉的馬車或戰車（chariots），讓這個卓越的符文得以用來展開不論是實體還是靈性的旅程，在其最根本之處，拉依多本身就是「運動」：旅行、騎乘或運動全部都是拉依多的意義所在。拉依多既是「移動」過程本身，也是被移動之物。

　　輪子的發明是讓牠能夠拉車、進行長距離旅行，及運送貨物的第一項成就。凡是曾經藉由汽車、火車或巴士（或任何有輪子的交通工具）旅行的人都知道，那些車輛行進時都有一種節奏，騎馬時更是如此，而且如果希望騎乘起來會很舒適，那就要學會讓馬匹以穩定的節奏奔馳。在這一方面，拉依多就涉及了循環、節奏，以及讓輪子順暢轉動之力。

　　拉依多符文可能源自於歌德時期（Gothic）的 raiht，意思是「正

確無誤的行進方法」。這個符文另外也指稱個人有責任讓自己在人生路上正確前行。這個符文要求你要像照管馬匹一樣克制地照管你的自我。試想你現在騎著馬在一條路上前進。你可以很粗暴地騎著馬，下場就是控制不住牠，沿路亂衝亂撞，踐踏行人；你也可以謹慎地騎著馬，穩穩地控制著牠，並且很注意路上的行人以及路邊每一個地方。前者就像人的自我（馬）失控一樣，後者則是相當於你把自己照管得很好。

古代北歐人很重視運動及行動，靜止或萎靡不振並非他們的生活之道。拉依多這個奇妙的符文能夠讓你從混亂的生活狀況中顯化並帶出秩序。不論你是在古代北歐的高山低谷間行走，還是在現代社會搭乘公共交通工具上班，過程中總有某種程度的不確定以及發生禍事的可能。你不在自己家中，又或不在「穩定」狀態之時，拉依多就會幫助我們確保諸神的眷顧，尤其如果我們是在陌生的處所行進，其更是會幫助我們。

古北歐人也很重視社群，甚至比個人的需求更為重要。拉依多涉及整個組織運作以及個人在組織當中的行動準則。試想古時候那種馬拉的大車。建造大車、馱車和戰車，目的都是要載很多人，而且不只是要載一個人。所以拉依多也涉及到交涉或者談判，因為，我們在各地移動，處理生意上起起落落的狀況，都需要諸神的護佑。我們騎馬時，必須和馬相處融洽。同理，和別人打交道，你也必須與之好好相處，尤其我們必須確保旅途中每一方相互都是公平，公正的。

•• 法術

　　拉依多是一場受到福佑的旅程。長程旅行時，可以將拉依多符文寫在車輛、行李，甚至是自己身上。旅行時，唸誦拉依多這個奇妙的符文會得到諸神的護佑。在薩滿巫術中，拉依多是尋求保護的路途上不可缺的符文。

盧恩符文知識中的拉依多

　　旅行是北歐人生活中必須的部分，特別是的神話中的旅程故事更是如此。弗瑞雅坐的是兩隻貓拉的戰車，雷神索爾索駕的是兩頭羊拉的戰車。艾西爾諸神和奧丁進行大狩獵時行經夜晚的天空。部落得以健全，賴以為生的便是強健的馬運載人送貨。這個道理在古北歐知識中更是明顯。哈地（Hati，「憎恨者」）和斯柯爾（Skoll，「嘲笑者」）這兩匹狼在天上追逐太陽薩烏納（Sauna）和月亮瑪尼（Mani）。世界在拉格納諾克（Ragnarok）終止之時，哈地和斯柯爾追上了牠們的獵物，然後吞噬入肚，使得天空變成一片黑暗，並且崩塌。由此可見拉依多對古代的北歐人是多麼重要──不只是對於他們的日常生活，對整個宇宙而言也是。

開納茲 KENAZ

亦寫成：Ken, Kaun, Chaon

譯為：火炬、潰瘍（ulcer）、
知道（knowing）

關鍵連結字：火炬、燃燒、知識

|||||||||||||||||||||||||||||||||||||||||||||||||||||||||||||||||||||||

‥ 意義

我們在安蘇茲符文那裡得知知識和智慧對古代北歐人多麼重要。不過，我們在那裡尚未知悉偉大智慧有時候很「燙手」，而這一點則是開納茲符文所為人稱道的。開納茲的能量就是這樣，是真理和知識的能量，但有時候卻於人有傷。

在盎格魯薩克森符文詩中，開納茲字面上翻譯為「火炬」，但是在冰島、挪威符文詩卻翻譯為「痛點」（sore spot）、「疾病」或是「潰瘍」。兩邊的翻譯稍有不同，但如果仔細地審視一下，你就會發現兩者其實有其關聯。常言道「純真就是福氣」，當我們有了知識、智慧，不再純真，我們也就失去了那一份福氣。「從幸福的孩子到痛苦的大人」這個過程更讓我們看到了這一點。我們一旦「知道」，就不再「無知」。但有時候真理是很傷人的。

開納茲是「啟蒙」符文、靈性上的「開悟」，也是點亮與光明符文。試想自己身在黑暗的洞窟中，身上籠罩著「未知」的陰影。你

手上所舉的火炬不但可以照亮洞窟，也會驅逐陰影，依靠這一把火炬把「未知」與「無知」驅退。你只要像奧丁學習盧恩符文一樣去學習新知，然後再轉教他者，基本上，你就是在傳遞這一把火炬。

在古代，匠人之火很受世人重視，因為匠人的火能夠製造個人或社會所需的東西。北歐文化中，矮人的鍛造術很受重視。北歐神話中很多英雄和神都會想要尋找矮人製造的武器和器皿。開納茲也是代表「工藝」和「研究」符文。我們學習新的課題，進入新的專業領域之時，我們就是燃著一把火，放出光明，讓我們去改變我們要的那個東西。火炬在古代的儀典、入會式中也很重要，這時的火炬是賽麗妮（Selene）和赫凱特（Hecate）兩位女神所執的火炬。你入會之時，便帶來了新的自己，就像鳳凰從灰燼中重生一般。

開納茲並非只是「啟蒙」符文，也是「顯化」符文。你會在這個符文中看到現代數學的「＞」（大於）符號，但是，那有時候也是幫助你從「無」而「有」的符文。要知道意念是有力量的，你所關注的，能量就會往那裡集中；運用開納茲的力量，你就可以創造自己所需。你有注意到開納茲符文的字體就是從「無」的一點來到有些什麼之處嗎？ 這就是火光，就是火炬，將會把你想要的東西顯化出來。

•• 法術

做研究或創作之時，想要讓什麼東西在你生活中顯化之時，你可以運用的就是開納茲符文。來到陌生的場域，不論是真實環境還

是某種事物的領域，你都可以用開納茲符文「趕走黑影」。想到運用吸引力法則，或者顯化自己想要的東西，你一定要運用開納茲符文。

盧恩符文知識中的開納茲

北歐神話中的矮人住在史瓦塔爾夫海姆（Svartalf-heim），這是世界之樹艾格德拉賽上面的九個世界之一。矮人在史瓦塔爾夫海姆勞作、採礦、製造工具、器皿，所以他們以九個世界中技術最好的匠人、藝師著稱。雷神索爾的老婆希芙（Sif）鎖頭髮的鎖頭是他們負責製造的；奧丁的矛槍衮尼爾、拘禁芬瑞爾（Fenrir）的鐵鍊格萊普尼爾（Gleipnir）也都是。不過，他們最出名的是製造雷神的鐵鎚謬爾尼爾。他們這些聰明到不可思議，又懂法術的人以巧妙的技藝為很多北歐神祇創造了新的開始或「光明」（illumi-nations）。他們運用廣博的知識創造或顯化了很多利器。我們從他們那些強大的作品當中可以看到有開納茲能量幫助他們創造這些物品。

給勃 GEBO

亦寫成：Giba, Gefu
譯為：禮物（gift）
關鍵連結字：禮物、平等交換、
　　　　　給予（offering）

||||||||||||||||||||||||||||||||||||||||||||||||||||||||||||||||||||||||||||||||||

•• 意義

　　給勃是古弗達克文的第七個字母，可能是所謂「幸運的數字七」的起源。這個符文是「禮物」符文，但不止於我們送出去的禮物，也包括祖先透過遺傳以及靈性送給我們的天賦。

　　對於古代北歐人而言，「好客」和「平等交換」是最重要的事情。我們在菲胡符文那邊已經說過，對於需要以及擁有財富的人而言，讓金錢流動很重要。這是「給予」和「分享」的符文，讓我們明白「平衡交換」的力量。樂善好施可能是最高貴的美德。就如同我們在菲胡符文那邊所見，金錢和財富的目的不在讓人「收藏」，而是在於「分享」。誰看到眾神給了他笑容，都有義務把這一份「眷顧」回報給他的部落和社群。

　　現代人生活的方便之處我們都視為理所當然，但是請試著想像一下古時北歐人的生活。人或家庭若需要長途移動，那時候並沒有什麼客棧或旅館。這就表示這些旅人必須依靠他人的樂善好施。由

於那個敲門的人不無可能是奧丁，所以給客人優遇以及照顧旅客就很重要。原則上，人受到庇護，有個地方可以休息，他應當要以禮物回報給主人，以表示感恩、感謝。我們在現代熱氣球駕駛員身上還可以看到這種做法。他們總是隨身攜帶香檳酒，如果降落在別人的田地，他們就會送主人香檳酒表示感謝。這就是給勃符文的要義。

給勃也掌管祕密的交換。人相信諸神會提供東西給人們，但是也會取走一些東西。所以古代北歐人會供養瓦尼爾生育女神、諸神，尤其是弗瑞雅和弗瑞爾。神眷顧人，人就認為自己有義務回報神。奧丁在世界之樹上雖然是為祂自己犧牲，但是卻讓我們知道祂願意放棄很多東西，以便交換到盧恩符文的法力和力量。

給勃提醒我們的是，我們內心也都裝著一些天賦，一些來自祖先的禮物。古人相信，只要你有能力幫助別人，你就有道德義務要為善。給勃讓我們明白送禮物給世界多麼重要。你立意要過為人服務的生活，要帶禮物來世界，宇宙和眾神自然會有適當的回報。不論如何，這就是所謂「好運」發生的原因。

•• 法術

給勃這個奇妙的符文能夠提升你整體的運道。給勃如果和別的符文——尤其是連結符文——合用，會提高周邊符文的整體力量和積極性。就像寶藏地圖會用 X 標示寶藏所在地，找到給勃，找到 X，將帶來巨大的財富和好運。

盧恩符文知識中的給勃

　　對古代北歐人而言，「平等交換」這個觀念是最重要的。這從他們會建造「合閣」（hörgr，複數：hörgar）可以想見。合閣是一種用石頭砌起來的祭台，北歐人在這種祭台上供奉犧牲。北歐人發現新的土地之時，會建造這種祭台放置代表奉獻犧牲的祭物給他們崇敬的神。這些犧牲和供品通常是流血的祭物。「付出」以便和「取得」取得平衡——這就是給勃的精義。合閣祭台很可能不是本來的崇拜場所，只是暫用之處。最有可能會使用這種暫時場所的，應該就是旅途中人。《散文艾達》和《詩體艾達》，以及古英語史詩《貝武夫》（Beowulf）裡面都有提到這種祭台。血，儘管因其密教及形而上價值而受到讚揚，但是現代的新異教徒大部分都是以酒取代。

溫究 WUNJO

亦寫成：Wunio, Winja, Huun
譯為：歡樂（joy）
關鍵連結字：歡喜、福佑、平安

|||||||||||||||||||||||||||||||||||||||||||||||||||||||||||||||||||

•• 意義

我們來到了古弗達克文第一族的最後一個符文「溫究」。古弗達克文前八個符文屬於弗瑞雅族。一如我們在這八個符文中所見，這八個符文是一場力量與富裕之旅，給予和分享之旅。溫究是古弗達克文的第八個符文，是「歡喜」和「福樂」的符文。這個符文告訴我們如果依據前七個符文的原理待人處世會產生什麼樣的結果。

溫究代表歡喜和福樂——這是一種崇高的幸福狀態，和單純的快樂不一樣。我們會在某個時候感覺很快樂，品嚐肉汁鮮美的起士堡、一部好笑的電影都會使我們快樂。但是歡喜和福樂並非只是的純粹的情緒，而是一種存在狀態。那是隨著苗壯成長及興旺而來的一種長久滿足的狀態。

歡喜和福樂來自溫究，但也來自給予，來自對社群的付出。還記得我們在菲胡和給勃那裡學習到的「樂善好施」嗎？歡喜和福樂就是依據這一原理待人處事的結果。溫究要我們凡事多多想到社群

和部落。我們是部落的一部分，把快樂分享出去，快樂就會加倍。回想一下古代北歐人建造的大廳堂；那裡有一種社群歡樂感，一種由不斷在給予者所創造出來的豐富感和歡喜心。

靈性的極樂也是溫究的一部分，其也是「內在快樂小孩」的符文。這個住在你心裡的小孩會對蚱蜢彈跳、樹梢間的風聲，又或夏天跳到池塘裡游泳感到驚奇與歡喜。但，悲傷的是，大部分人都已經失去了這種能力，再也無法從簡單的事物找到歡樂。然而，在生活中保持一種赤子（不是「幼稚」）的態度是多麼重要。還記得嗎？小時候，節日時收到禮物就會很高興。小時候的教育應該是重視「給予」大於「接受」，古代的北歐人就希望如此。收到禮物固然高興，但給予一樣可以讓你很快樂。為人父母者可以試想一下你的孩子打開他渴望已久的禮物之時，臉上那欣喜的形色。想像一下你自己看到他們那麼快樂時，你心裡湧現的歡喜和幸福感，這一切就是溫究。

占卜或抓鬮時抽到溫究，表示有好消息在等你，你目前在處理的事情將會有好的結果。如果你是用複數符文占卜，那麼，溫究和菲胡合在一起表示問卜者將會在做起來很快樂的職業中賺到很多錢。

•• 法術

溫究也是「願望」符文，可以用來創造幸福感。溫究也是「療癒」符文，特別是對精神或情感的折磨更具療效。在額頭上畫溫究符文可以消除憂鬱症狀；唸誦「溫究」，可以讓你整天都很爽快。

盧恩符文知識中的溫究

　　給予會讓人很快樂。我們從尤爾（Yule）季節就可以看出這一點。尤爾季節是現代聖誕節日的先驅。歷史中有聖尼可拉斯（St. Nicholas）賑濟窮人的故事，但是更久的年代之前，北歐的神話故事很多也說到奧丁駕著八腳飛馬史萊普尼爾拖曳的戰車在天上飛來飛去。請注意「八腳飛馬」和「八頭馴鹿」的相似點！早在聖誕老公公出現之前，奧丁就已經開始在各處小朋友家裡把禮物放在他們家壁爐邊的靴子裡了。我們現在看到的聖誕老公公是留著大把白鬍子的老人，你可以思考一下奧丁和精靈（Elves）的關係，還有斯堪地那維亞半島和北極圈以及北極那麼近的地緣關係。我們可以在古老的奧丁故事中看到溫究，現在每一年過聖誕節和尤爾節日一樣看得到！

第六章

海姆達爾族

　　古弗達克文的第二族叫做「海姆達爾族」（Heimdall's Aett）。這一族符文彰顯的是人面對逆境之時所表現的堅強毅力。海姆達爾是戰士，又是阿斯加德最強的衛士。哈格拉茲（Hagalaz）、瑙提茲（Nauthiz）、艾薩（Isa）、耶拉（Jera）、艾瓦茲（Eihwaz）、佩斯洛（Perthro）、阿爾吉茲（Algiz）以及索維洛（Sowilo）這八個符文告訴我們的是，面對逆境時，我們可以堅強守護，始終如一。這一族符文告訴我們宇宙會毀滅我們，對我們橫加限制；但是我們可以在自己內心找到一股破壞力，從而掙脫這種束縛。在哈格拉茲、瑙提茲、艾薩這三個符文，我們首先發現的是這些限制我們的宇宙力量；耶拉是終結循環；艾瓦茲和佩斯洛則是深入這個世界以及其他世界的奧祕；阿爾吉茲保護我們；索維洛向我們顯示太陽的力量，也告訴我們只要克服逆境，我們就會勝利、成功。

哈格拉茲 HAGALAZ

亦寫成：Hagalas, Hagl, Haal, Hagal

譯為：冰雹（hail）

關鍵連結字：冰雹、騷擾、變化、耽擱

•• 意義

　　哈格拉茲字面上是翻譯為「冰雹」。在北歐人眼中，特別是依靠作物養家餬口的那些人眼中，冰雹是最麻煩的敵人。哈格拉茲預告的是耽擱和破壞，以及日後一段艱難困苦的時日。你知道你將會受到或面臨大自然力量的摧殘，但卻對它無可奈何。

　　冰雹在任何季節都可能從天而降，不僅限於冬季。正如同大晴天也可能會下冰雹，哈格拉茲符文也預告一種環境突生的變化，並且這種變化不一定是好的變化，很可能你只能一直忍受到它結束。

　　想像一下幾千年前那些祖先，你幾乎可以百分之百確定他們一定是從事農作。由於他們並沒有現代人所有的超市、五金行或是醫院等方便的生活設施，所以，作物、家畜如果收成好，那就一定是他們家族本身的功勞。人和土地的種種連結中，沒有一樣比帶給我們糧食和維生物資的連結重要。

　　你可以想像一下如果天上突然下起冰雹，他們這些人該如何應

對。他們完全不像現代人那樣有一些自動化工具可以蓋住作物。如果你自己曾經經歷冰雹，你應該很清楚冰雹會嚴重傷害植物。那些祖先看到天上下起冰雹之時，唯一能做的就是振臂求神護佑作物，盡量不要讓作物受損。

哈格拉茲雖然代表變化，但同時也是大自然守護神。能讓我們稍微樂觀的是：冰雹不會下個不停，太陽永遠都會重返。只要太陽回來，它就會把地上的冰雹融化，一些沒有受損的作物就會利用這些融化的水繼續生長。可是，你頭上大自然的破壞力永遠都在，你必須準備隨時與之對抗。這時哈格拉茲就會提醒你要堅強，等待太陽回來。你會看見冰雹融化，所形成的水流將會沖開堵塞之處，如春天融化的河流衝向海洋，就像你要讓情感之流從你心裡流出，你的眼睛將湧出眼淚一般。

這個符文提醒我們面對逆境更要保持堅定；這種毅力會幫助我們成功。我們的祖先每一位都曾遭逢逆境，當初他們如果沒有克服或者至少等待打在他們身上的冰雹風暴停止，今天就不會有這個你坐在這裡看這本盧恩符文書。你一定要了解哈格拉茲的力量，傳承祖先的堅定力量，讓他們為你感到驕傲。

·· 法術

哈格拉茲這個符文用在打坐力量會很強大。藉這個符文打坐，可以理解不論情況有多壞，都還不是最壞的時候。儘管你失去了不少作物，但你原本可能失去更多。打坐時唸誦這個符文能夠幫助你在最壞的情況中建立樂觀的態度。

盧恩符文中的哈格拉茲

哈格拉茲是古弗達克文第二族海姆達爾族的第一個符文。海姆達爾族的前三個符文哈格拉茲、瑙提茲和艾薩講的是人直接面對逆境時的毅力，其中哈格拉茲尤其是在提醒我們要保持樂觀。在某些人的解釋中，這三個符文和地下世界（Underworld），尤以地下世界女神海拉（Hella）有關。海拉是羅基（Loki）的女兒。海拉有時候是冬季女神霍爾達（Holda）。霍爾達抖開祂的毛毯時，把第一朵雪花帶給了世界。Hag（哈格）這個字源自古荷蘭文haegtessa，意思是「女巫」。哈格，或女巫，公認擁有操縱天氣的力量，因此自然也會製造冰雹風暴等毀滅性的氣候，進而造成瘟疫或是饑荒。

瑙提茲 NAUTHIZ

亦寫成：Nauth, Nod, Nied
譯為：需要（need）
關鍵連結字：需要、必然、拘束、限制

||||||||||||||||||||||||||||||||||||||||||||||||||||||||||||||||||||||||

•• 意義

瑙提茲是古弗達克文中另外一個不具有美好涵義的符文。瑙提茲和哈格拉斯、艾薩一樣，與艱辛和挫折有所關連。占卜時出現瑙提茲，表示你正在或將會受制於某人某事，置身於一種難以轉圜的處境。苦惱是瑙提茲的部分涵義。

不過，出現這個符文並不表示你全盤皆輸。千萬記住，海姆達爾族的前三個符文講的是人面對逆境時的毅力。瑙提茲可以翻譯為「需求之火」。這種概念在英文很難講得清楚。有句話說，「一扇門關了，就會有另一扇門打開」。瑙提茲告訴我們，只要處理得當，永遠都有改變的機會。這個符文同時也勸告我們要在自身之外尋求不一樣的觀點，因為我們常常會誇大情勢，反而淪為自身厄運的創造者。瑙提茲可以幫助我們克服執著和衝動，在你感覺整個世界都不利於你的時候，能夠找到一條比較理想的出路。

瑙提茲這個符文會提醒我們如柏拉圖所說的「需要是發明之

母」。我們常常在遭逢危機，有重大需求之時，找到自己最堅定不懈的力量。試想你一生當中曾經受制於某人某事的時候，瑙提茲就是活在你體內的那一股能量、那一把火，那一把「需求之火」，可以幫助你改變現況，創造嶄新良好的情況。大部分人都是支出多於收入，但我們都有一把「需求之火」可以幫助我們改善處境，換工作，或者是開始懂得開源節流。尼采（Nietzsche）就曾經說：「殺不死人的，將使人更為堅強。」

占卜時若是出現這個符文，請記得目前加諸在你身上的束縛其實正是你學習的機會。這個世界沒有一個人生活中不曾遭遇挫折與障礙。這個符文確實在幫助我們永不放棄，驅使我們尋求內在之火以改善狀況，或至少在困厄中保持堅定不移。冰雹（哈格拉茲）開始落在我們身上之時，我們必須借助「內在之火」（瑙提茲）努力改善狀況，不論我們有沒有辦法等它結束都一樣。

這個原理也見諸於華文世界當中。漢字「危機」一共有兩個字，第一個字意思是「危險」，第二個字意思是「機會」。面對艱難的狀況，我們有兩個選擇，一個是屈服，任由它折磨；第二個就是反抗，尋求內在的力量，盡力緩解艱難的狀況。

•• 法術

以瑙提茲施法可以加持其他的符文，在盧恩方程式中放大其他符文的能量。瑙提茲是「純粹意志」符文，所以有這種用途。占卜的時候，跟在瑙提茲後面或其周邊的符文就是最需要你關切的能量。

盧恩符文知識中的瑙提茲

　　瑙提茲是諾恩三女神（Norns）的符文。祂們是在世界之樹底下命運之井下方織布的三姐妹。祂們把歐羅格（orlog，命運）加諸於小孩子身上。我們每個人都有自己的歐羅格，那是這三姐妹在我們出生時紡織出來的。不過，我們的命運雖然出生時就已決定，但是卻可以像求神那樣向三姐妹投訴，要求改變。所以歐羅格會移動，會改變。已經織成的命運布匹很少有什麼地方絕對無法變動。也因此要和三姐妹合作，就必須借用瑙提茲，而其中的重要性也是在此。基督教有一句話説：「上帝幫助那些幫助自己的人。」諾恩三女神也一樣會幫助那些試圖幫助自己的人。

艾薩 ISA

亦寫成：Eis, Iss

譯為：冰（ice）

關鍵連結字：冰、停滯、冰凍、冰凍、固體

||||||||||||||||||||||||||||||||||||||||||||||||||||||||||||||||||||||||||

•• 意義

我們從前面探討哈格拉茲符文時得知古代北歐人深知冰雹的危險。現在這裡的這個艾薩符文代表的正是「冰雪」。不過，艾薩的冰雪不是從天而降的冰雹，而是近在我們身邊的冰雪，來自地球的冰雪。仰觀壯觀的冰河或冰山，我們都看得出來冰雪幾乎可以單獨視為一種元素，由水形變為各種強大型態。

冰雪很危險。對於住在北半球的人而言，一年當中要花很多時間處理冰雪潛在的力量。不論是陸地上的冰還是水面上的冰，走在冰上，我們總是提心吊膽，小心翼翼。冰一開始會使水流緩慢下來，最後終於使之停止。所以艾薩是「停滯」的能量、「靜止」的能量。艾薩一出現，你生活中的某個東西就凍結。

艾薩告訴我們自然界萬事萬物無一不可停止、凍結，而這有可能還是好事。我們看到一年四個季節帶來的是更多的「創造」：很多種子、植物都需要寒冷來協助發芽。就是這個原因，所以蒜頭和

水仙花、鬱金香等花球都是在秋天種植，因為它們需要受寒才會成長。凡是會移動的，都要慢下來，停下來一陣子，以免毀壞。人如果不睡覺，就活不了那麼久，因為我們必須靜止下來睡眠，身體才會平安、健康。

　　不過，艾薩的能量雖然豐富，有時候卻顯得情感僵硬。水和情感有相似之處，所以艾薩有時候可以視為情感結凍的一面。另外，艾薩也代表人與人之間或是組織內部的冷酷。如果你的生活中存有艾薩，你可以運用它的前一個符文瑙提茲尋找內在之火，用這把火將使你苦惱的情況解凍。不過你也要了解有時候我們必須結凍，而後才能從地底下萌發出來，成為新的、比較良善的人。大自然的循環就是一個可以遵循的實例，能夠幫助我們成長，成為更新、型態更完整的個人。

　　艾薩確實也代表「靜止」、「堵塞」，不過這也提醒了我們冰雪有「保存」及製造固體的能力。占卜時如果出現的是艾薩，請你再參考它前後的符文，以了解其意義。例如，如果發覺艾薩預告的是「結婚」這等好事，或許違反直覺，但是請你記住固體的冰是如何的堅定，又如何的能夠保存物體。

　　艾薩還提醒我們作為一個人要昂首挺立：那才是「我」（ego）中之「我」（I）。在這個凶惡的世界，我們必須像冰一樣堅定、堅固。如果感覺身邊世界太過流動不定，抑或是感覺自己情感過於氾濫，你可以運用艾薩符文把自己身邊這些「水」固定下來。

·· 法術

不論是實體上或情感上，如果你的生活變得太過熱烈，唸誦艾薩符文相當理想。如果你的情感狀態太過流動性，持續唸誦艾薩可以使之靜止、固定。天氣炎熱之時，唸誦或在身上寫上艾薩符文可以保持身體涼爽。

盧恩符文知識中的艾薩

在北歐神話中，我們所住的這個宇宙是冰和火遭遇之後創造出來。世界之樹艾格德拉賽中的九個世界，其中的穆斯珀海姆和尼弗海姆之間起初有一個大裂濤叫做吉農加大裂濤，大裂濤裡面一片黑暗、靜止，什麼東西都沒有，後來，火之家穆斯珀海姆的火和冰之家尼弗海姆的冰在大裂濤上方遭遇，點燃了我們這個宇宙，火融化了冰，形成了第一個巨人依祕爾。

冰繼續融化，世界也繼續受造，於是巨牛安敦姆拉出現。牠用自己的乳汁餵食依祕爾，牠自己則是舔冰上的鹽為食。安敦姆拉一直舔著冰，又創造了第一個艾西爾神布里。我們看得到艾薩或冰一直在冰火遭遇時協助創世，所以艾薩是建造宇宙的積木之一。

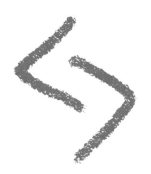

耶拉 JERA

亦寫成：Jer, Gaar, Ar

譯為：年（year）

關鍵連結字：年、收成、循環、挹注

||||||||||||||||||||||||||||||||||||||||||||||||||||||||||||||||||||||

•• 意義

耶拉是「年」符文，其涵義為「完成好事」，還有辛勤的工作有了收獲。耶拉符文是現在英文字 year 的起源，是古弗達克文的第十二個符文，正好和我們一年有十二個月相當。

從耶拉之前的符文——譬如菲胡——以及之後的符文——譬如殷瓦茲（Ingwaz）來看，對於古代的北歐人而言，農業是他們生活中最重要的東西。耶拉不只是「年」，而且還是年度的收獲，也就是一個種植循環結束時大家收割的東西。所以耶拉也意指「循環」。我們在哈格拉茲符文那邊已經了解在北歐人的社會中，農作物收成是生死大事。

哈格拉茲、瑙提茲以及艾薩在我們的生活中製造了麻煩之後，成熟的農田變成了救濟。我們若是撐過了冰雹風暴，找到了自己內在的「需求之火」，安然度過了嚴酷冰雪的考驗，最後得到的就是豐收。耶拉符文表示你有受到「充裕」的護佑，而且你應該為自己

辛勤的勞作感到驕傲。如果你是創作者，自認是藝術家，或是曾經建造過房子，耶拉就是你往後退一步，端詳自己的作品之時那種感覺；你會為自己完成的工作感到驕傲。耶拉是你付出勞力，尤其是犧牲部分自己，裨益他人之後所收集到的「賞金」。

　　還是一樣，北歐人重視辛勤工作和樂善好施，所以如果碰到豐收，表示你在這一方面行有餘力，因此人人受惠。恰如拉依多符文說的是宇宙的循環，耶拉則是表示我們將因為正當的行為以及辛勤工作而受到獎賞。這個符文還提醒我們做事要有一種平衡感。有的人看耶拉符文，會覺得和陰陽太極圖很像。的確這兩者也都告訴我們處事要平衡才會成功。我們在艾薩符文那裡已經明白因為有先經過寒冷季節，所以生長季節的收成最好。這提醒我們，良好的結果來自於主動與被動、動與靜之間的平衡。夏季和冬季、夜晚和白天、火和冰──這些都是有助於創造極端相對物。

　　耶拉也是「因果」符文。因果就是事情怎麼去就怎麼來。我們都聽過「要怎麼收穫就怎麼栽」這句話。這一點在耶拉符文這裡特別真實。不耕耘田地、播種、除草、澆水並讓植物長出果實，你無以展示這塊田地有何用處。耶拉是我們所花的力氣和努力獲得的獎賞。因為辛勤工作，所以我們為宇宙巨輪的前進盡了一份力。

·· 法術

耶拉是專事於創造的符文。不管你是要開始在你的花園種植花卉，還是為了升遷而辛勤工作，耶拉都有助於顯化你的目標。在你的工作場所做個耶拉符文，或是將耶拉符文寫在花園內的木樁上都可以。不管你怎麼運用，記得要借耶拉的力量勤奮做事。

盧恩符文知識中的耶拉

我們小時候聽過的故事就說明了耶拉的種種好處。《伊索寓言》有一則螞蟻和蚱蜢的故事。這個故事告訴我們辛勤工作自會有回報，懶惰會使我們衰敗。螞蟻整個夏天都在工作、收成，為冬季儲藏糧食。蚱蜢卻是懶散而漫不經心的過日子。結果到了冬天，螞蟻靠著耶拉的能量，日子過得非常舒服；蚱蜢卻開始挨餓，後者只能期許它撐得過冬天。

不過，古時候的北歐人雖然重視「辛勤工作」的價值，但是，為了豐收，還是很尊敬弗瑞爾和瓦尼爾生育女神弗瑞雅。不過他們不會像蚱蜢那樣浪費種植季節，會很努力工作，為自己的家庭、社群取得成功、健康和生命力。

艾瓦茲 EIHWAZ

亦寫成：Yr, Eo

譯為：紫杉（yew tree）

關鍵連結字：紫杉、死亡、保護

||||||||||||||||||||||||||||||||||||||||||||||||||||||||||||||||||||||||||

•• 意義

艾瓦茲是古弗達克文的第十三個符文，一直有人猜想，有那麼多文化都懷疑或迷信13這個數字，是不是就是和艾瓦茲有關。

不論是真的有關係或沒關係，艾瓦茲是「紫杉」符文。紫杉很可能是全世界所有樹木中最毒的一種。歐洲的很多教堂墓園都看得到紫杉，這是它和死亡有關的主因之一。紫杉是常綠喬木，這又和「不朽」有了關聯，因為每當冬季所有的植物都凋謝的時候，它卻「永遠不死」。而且紫杉還是地球上最長壽的樹木之一。

紫杉木以富有彈性著稱，在古時候的北歐以其製弓用途而受人重視。這是艾瓦茲之所以為神奇「保護」符文的主因之一，這不僅僅是因為紫杉有毒，可以「保衛」自己不被動物吃掉，而且也是因為紫杉是製弓良木。

學者之間對於世界之樹艾格德拉賽是梣樹還是紫杉迭有爭論。對於想要進行薩滿之旅的人，以及想要神遊九個世界的人，艾瓦茲

符文是一大利器。在中土世界一些陌生領域旅行之時，我們總會設法保護自己；同理，進入別的世界，我們也應該保護自己。不要只是藉用艾瓦茲符文在九個世界間來回，而且在過程中也要用這個符文來保護自己。

艾瓦茲是薩滿或靈媒符文；薩滿巫師和靈媒都是一腳處於這個世界，另一腳踏在異世界的人。這個符文代表「天上如是，地上亦然」這個形而上定律。艾瓦茲符文體現了天地、夜與晝、生與死等兩極對立物的關聯。

我們人一開始活，就開始死亡。這是老生常談了，但卻完全正確。艾瓦茲提醒我們死亡是生命的一部分，不是與生毫無相關，我們再怎麼否定這一點都沒有用，就算你有能力或傾向可以跨界體驗非屬中土的現實也一樣。在古代的北歐，死亡是生活始終存在的威脅，那個時候人的預期壽命比現在短了許多。古人當然也會盡力避免死亡，但是絕對不會逃避。他們知道死是生的一部分，甚至也會在保護自己安全的情況下借用艾瓦茲來認識這個事實。

·· 法術

若占卜時出現艾瓦茲，表示死亡可能很快就會降臨到你身上。

你可以借用艾瓦茲幫助你前往世界之樹上的其他世界，不論是唸誦或題銘文都可以。不論你是在打坐，或是即將進入薩滿出神狀態，都可以把艾瓦茲寫在身體上面來展開新的旅程，並且在旅途中保護你。

盧恩符文知識中的艾瓦茲

　　賽德（seidr）是北歐的薩滿法術，由維特基斯（Vitkis，男賽德法師）和沃爾瓦斯（Volvas，女賽德法師）施行。他們常常在出神狀態中前往北歐死亡之國海爾（Hel），向祖先尋求解答。海爾是九個世界之一，有很多死者沉睡在那裡。這個陰暗寒冷之國由海拉（Hella）女神統治。在「知識」中，海拉現出的容貌是半黑半白，半死半活，代表我們在艾瓦茲所見的兩極對立。

　　賽德法師常常帶領整群的人在出神狀態中前往這個國度，不過常常只有維特基斯和沃爾瓦斯能夠通過海爾的大門。艾瓦茲是「重生」和「超越」符文，賽德工作者一旦經歷過海爾國，就會永遠改變，這不只是因為他們替部落或社群得到智慧，也是因為他們已經親身經歷。

佩斯洛 PERTHRO

亦寫成：Perth, Peorth, Peordh
譯為：骰碗（dice cup）
關鍵連結字：杯子、籤、遊戲或賭博、
命運、未知

||||||||||||||||||||||||||||||||||||||||||||||||||||||||||||||||||||

•• 意義

前面幾個符文定義都很明確，但是現在這個「佩斯洛」卻不然。佩斯洛是所有符文中最神祕的一個，因此之故，很多人都視之為「符文中的符文」。

佩斯洛的其中一個定義叫做「骰碗」，很多人認為這和比賽或者賭博有關。古代北歐人對賭博看得很認真，認為骰子滾動的時候，神會插手。佩斯洛很可能和擲骰子或什麼賭博用具的動作有關，這些「用具」裡面可能包括符文。所以佩斯洛可能意指用來甩符文、骰子的碗、杯子。

由於和賭博有這種關聯，所以大家認為佩斯洛也是「命運」或是「運氣」符文。因為每一個符文都是奧祕，所以佩斯洛是「奧祕中的奧祕」。之前說到瑙提茲是諾恩三女神的符文，但現在這個佩斯洛也是。試著想像有一場賭注很大的賭局，參加的人開始擲骰子，每個人都希望自己會贏。但是他們不知道，他們的希望及祈

求，每一個都會來到諾恩三女神，也就是北歐神話中那三名紡織女那裡。擲卦和丟擲符文也有關聯。古代北歐人認為符文不只是用以占卜現在和未來，而且能改變未來的命運。他們相信，在法術中運用符文，不但能夠將自己的力量顯化於生活中，而且還能夠將三女神所織的命運布匹換線重織。

佩斯洛還可以翻譯為「子宮」（womb）或「陰部」（vagina）。這個符文可以代表「生育」，因為每個人都是從子宮生出來的。這又和命運之井有了關聯。命運之井是盧恩符文的出生地，分娩者的子宮也是充滿了羊水。奧丁吊在世界之樹上九天九夜，然後從命運之井取得盧恩符文，我們也是在母親子宮裡經歷九個月才出生。由於諾恩三女神在我們出生之際就已經決定我們的命運，編織好我們的「歐羅格」，所以我們的命運到底會如何始終是個深不可測的奧祕。

占卜時如果出現佩斯洛，你可能很快就會置身於命運的接受端，成為某一未知事物的接受者。這個符文也代表創造的、猛烈的女性能量，還有「自發性」（spontaneity）。占卜中出現這個符文，有可能是鼓勵你放輕鬆一點，邊玩樂一邊享受生活的樂趣。如同我們在「溫究」那裡所發現的，對生命保持赤子之心非常重要。佩斯洛符文也是在預告你以後生殖系統可能會出問題，你可能因而被迫對一些健康問題做抉擇。因為佩斯洛和「奧祕」有很深的關聯，所以也可能表示你或你的占卜對象有某種靈異能力或秉性可用於解開玄異奧祕；尤其如果佩斯洛是和拉古茲（laguz）一起出現時，更是有這種意思。

•• 法術

　　你可以用佩斯洛來加強你和「看不見的世界」的連結。你也可以把佩斯洛和拉古茲合起來使用，提升自己的靈異能力。運用佩斯洛可以帶來好運；與瑙提茲合用則可以向命運三女神訴求重新編織你的歐羅格，改寫你的命運。

盧恩符文知識中的佩斯洛

　　古羅馬撰述家兼史學家塔西佗寫到一世紀北日耳曼人的占卜法術：

　　「他們高度重視占卜、抓鬮。他們抓鬮的程序永遠一樣。他們從會生長堅果的樹木砍下樹枝，劈成枝條，然後在枝條上做記號，接著把這些做了記號的枝條任意丟在白布上。然後……一邊看著天空，一邊手裡去撿枝條，一次撿一條，總共撿三枝，然後從之前做在枝條上的記號解讀其意義。」

　　這裡所說的「記號」，很可能就是盧恩符文；而且，我們還可以從他們用「會生長堅果」的樹枝來做籤條看出盧恩符文背後「賦予生命」之精義的重要性。用會生長堅果或果實的樹木木材來製作符文，是製作自己用的符文牌時傳統的方法。

阿爾吉茲 ALGIZ

亦寫成：Elhaz, Eolh

譯為：麋鹿（elk）、麋鹿莎草（elk sedge）

關鍵連結字：保護、防衛

‖‖

‥意義

　　阿爾吉茲是「麋鹿」符文或「麋鹿莎草」（elk sedge）符文；是公認護持力最強的符文，其他符文均難以企及。這個符文具有麋鹿的特性：堅定、護持以及強壯。麋鹿莎草生長於沼澤地帶，是一種有刺植物，麋鹿愛吃，但是如果你沒有抓好就會被刺傷。阿爾吉茲和鹿或麋鹿角有很強的關聯性。

　　但是，阿爾吉茲不只是「護持」符文，而且是堅持我們向「看不見的世界」尋求協助和保護的符文。你要是仔細看這個符文，就會發覺它好像一隻手，手心向外，像是在說：「停！」這個符文雖然可用於護持，但應該也會提醒你已經受到保護了。請記住，神幫助的是自助的人，所以不要光是坐在月桂樹上等精靈、祖先和神祇來引導你、保護你。你此時此刻就在這個世界，最重大的責任就是保護自己，護持身邊你摯愛的人。

　　另外，阿爾吉茲也鼓勵我們要和神發展關係。這個符文看起來

就像有個人舉手向天，向上天祈求。阿爾吉茲會幫助你和祖先連結，也和你的菲爾亞（fylgja）連結。菲爾亞是北歐版的引導神。說到護持，有誰會比你的祖先和熟悉的神更護持你？阿爾吉茲鼓勵我們和祖先及菲爾亞發展關係，並培養那一層關係；但它也提醒我們祖先早就在這裡保護我們了。我們要好好把根札在地球上，然後向上天祈求引導和護持。

我們應該記住，在靈修問題上，我們必須在這個世界和「看不見的世界」保護自己。然而我們也不該忘記，碰到障礙或失去什麼，都是讓我們進步的機會。沒錯，你是有神和祖先的護持沒錯，但是如果你必須接受火的試煉，就要了然那是個大計畫的一部分，你很可能無法置身事外。要明白一種情況也許看起來像是詛咒，將會造成你的痛苦，但卻有可能在日後成為某種護佑和福分。自己要好好照顧自己，但是要信任你的神盟友和神祇終會把你帶到你該走的路上。

占卜的時候如果出現阿爾吉茲，那會有兩個意思，一個是告訴你有受到護持，另一個則是要你知道如果你去向幫助你的神盟友要求保護，將會是很有益處的事情。你必須保持警覺、謹慎，對自己在探詢的事情也是。越早知道越能有備無患，但是要記得你所準備的因應措施要適合所發生的狀況。

•• 法術

阿爾吉茲可以用來自保，保護你的東西、他人或是寵物。想要

保護寵物，可以在牠項圈吊牌後面寫上阿爾吉茲符文。進入危險場所或未知狀況中，在額頭上畫阿爾吉茲可以保護你自己。這個符文當珠寶配戴也很不錯。

盧恩符文知識中的阿爾吉茲

　　新弗達克文中沒有阿爾吉茲這個符文，所以挪威和冰島符文詩中看不到和阿爾吉茲有關的詩文，但是盎格魯薩克森符文詩卻有一首這樣說：

　　麋鹿莎草長在沼澤中，
　　遍布於水中，會使人受傷；
　　它使一些想去摘它的人
　　非常氣憤。

　　這一首符文詩提醒我們，關於一些靈修問題，我們處理的時候切莫抓得太緊。溫柔對待莎草，或者像喜歡吃莎草的麋鹿那樣對待它，才有辦法收割莎草。向神靈和祖先要求護持只有兩種方法，一個是藉由供奉溫柔和善地提出要求，另外一個則是像任性的小孩子那般要求引導、保護。
　　如果是你，你會對哪一種態度有比較良好的回應？

索維洛 SOWILO

亦寫成：Sigel, Sol

譯為：太陽（sun）

關鍵連結字：勝利、力量、攻擊、啟蒙

||||||||||||||||||||||||||||||||||||||||||||||||||||||||||||||||||

•• 意義

索維洛是「太陽」符文。這個符文是「陽光」符文，所以也成了「力量」符文。對於古代北歐人以及其他古文明而言，宇宙間沒有什麼東西比太陽更值得尊敬。這是海姆達爾族最後一個符文，距離哈格拉茲和艾薩這兩個符文很遠，是融化難受之冰的符文。

古北歐人認為（太陽女神）桑拿（Sunna）很溫暖，提供熱力和溫度，是「力量」符文。太陽的熱力能融化大地讓作物生長，也能夠讓其射線下的人溫熱起來。試著想像在歐洲極北地區，靠近北極圈的地方，那裡每一年聖誕節（Yule）一過，或一「越冬」（winter soltice），就整天看不到太陽。經過黑暗的一天，終於看到太陽回來，是一種最後的「成功」。桑那女神已經再次回來趕走黑暗，溫暖他們的身體，滋育他們的作物。

索維洛代表力量和攻擊。這是活在我們內在，帶領我們勝利的意志。索維洛如果倍增不斷增長，就會形成強效盾牌太陽輪（the Sun

Wheel），這是連接天與地的閃電，可用於防禦也可用於攻擊。

不幸的是，納粹黨懂得盧恩符文的力量，也知道要善加利用這種力量。別的不說，最惡名昭彰的就是使用兩個（阿瑪尼符文版的）索維洛符文並列，將意思改為 sieg，也就是德文的「勝利」，作為他們的準軍事部隊 SS 衝鋒隊的徽章，進行法西斯宣傳，並且屠殺了數百萬人。SS 衝鋒隊在那個徽章之下執行了納粹黨的種族屠殺政策。索維洛符文從此和那個邪惡黑暗的時代以及納粹黨邪惡的反人類行為產生了永久的關聯，實在令人痛心。

索維洛也代表生命力，因而和意識有所連結。前面說到的開納茲是人造的火，在內在燃燒。索維洛則是「啟蒙」之力，來自外在，從眾神那裡以「啟明」（illumination）之姿落在我們身上，力量也隨著啟蒙和啟明而至。依照我們這樣的用法，這個符文是很積極正向的符文，中土一切生命的源頭。

太陽雖然會給我們溫暖並創造生命，但同時也是我們要對抗的一股力量，因為太陽具有破壞力；古人心目中，唯一會使艾薩——冰、冰山——融化的，就是太陽。索維洛是「不敗」（invincibility）及「勝利」符文；凡是大勝利，都是兩種強大力量

帶來的，一個是眾神插手，一是由於啟蒙和知識，不是前者就是後者。前者，譬如雷神索爾用祂的鐵鎚謬爾尼爾為你砸掉路上的障礙就是。但索維洛卻是兩者兼具，第一個是堅忍不拔，不把勝利帶來給你，不成功，就不罷休；第二個則是是祖先和眾神的慈悲。

在盧恩占卜或牌組中，索維洛要是和哈格拉茲聯合，會是很神奇的符文。這一組符文強化了「冰雹一過，太陽就會重現」這個事

實。如果是和達嘎茲（Dagaz）──新的黎明──一起出現，你的路途就不太會有障礙了。

•• 法術

索維洛是「攻擊」、「力量」、「勝利」符文。如果你要參加競賽，索維洛應該對你而言會很重要。不斷唸誦索維洛，可以帶來大力量、成功和勝利。

盧恩符文知識中的索維洛

在北歐神話中，山怪（trolls）是很邪惡難纏的人物。山怪最先是見之於《散文艾達》；在大家的認識中，他們很殘暴，但是笨笨的。他們住在洞窟、沼地或森林中，不和外界往來，可是卻以騷擾人的世界著稱。在斯堪地那維亞民間故事中，山怪有兩種，一種是巨大山怪，一種小山怪，前者又稱「約特拿」（Jotnar），後者又稱「赫德爾福克」（Huldrefolk）。各位已經知道約特拿是大型的、好爭吵的生物，討厭人類，大部分集中在約頓海姆，赫德爾福克則是見之於中土。

不論是巨大殘暴或是矮小狡猾，雷神索爾的鐵鎚是唯一使他們不敢越雷池一步的武器。北歐四處可見巨石，它們會在那裡並非偶然，都是當初被誘騙出來的山怪屍體。

第七章

提爾族

　　古弗達克文的第三族屬於提爾（Tyr）。提爾是古北歐人的大天神；大天神不只是戰神，還是公義、正義和公平之神。這一族符文包括提瓦茲、貝卡納、依瓦茲、瑪納茲、拉古茲、殷瓦茲、達嘎茲以及歐瑟拉等八個符文。這一族符文的各種組合告訴我們的是正義、靈性成長、啟蒙以及家族力量等訊息。在提瓦茲，我們發現的是提爾及公義符文；在貝卡納，我們發現的是樺樹女神和祂的生育力；依瓦茲是「馬」符文；瑪納茲是「人的連結」符文；拉古茲是「水」符文；殷瓦茲是「種子」和弗瑞爾神符文；達嘎茲是「黎明」符文；歐瑟拉則是「家族」符文。

提瓦茲 TIWAZ

亦寫成：Tyr, Tew, Tiw

譯為：提爾（Tyr）

關鍵連結字：紀律、義務、責任、公義

|||||||||||||||||||||||||||||||||||||||||||||||||||||||||||||||||||

‥ 意義

　　提瓦茲是提爾的符文。要了解它，最好是先了解提爾的神話故事。北歐神話和民間故事不太看得到提爾的事跡，但是有一則傳奇故事記述了很多這個神的事情。

　　提爾是古代北歐的天神。很多學者都說在奧丁之前，提爾備受眾人崇拜。「提爾」這個名字來自印歐語的 Dyaus 或 Deiwos。這兩個字後來又分枝出去，包含了著名的古希臘神宙斯（Zeus）。提爾在古代北歐和奧丁、索爾並列為戰神，但祂卻不只是戰神。祂是正義及法律之神，又是精神平衡及「正確」（rightness）之神。

　　關於提爾，最有名的故事就是「拘禁芬瑞爾」。芬瑞爾是羅基的弟弟，是一匹狼崽。牠長得很快，快到眾神不禁開始擔憂自身的安危，因而跑去請求矮人打造鐵鍊，準備用來拘禁芬瑞爾，以免牠跑掉，危及眾人的安全。鐵鍊打造好了之後，眾神帶著鐵鍊去找芬瑞爾，要牠戴上鐵鍊頭。芬瑞爾心裡起了懷疑，就說要是有人

（神）願意把手放到牠嘴裡以表示善意、信任，牠就會戴上鐵鍊。結果現場只有提爾回應牠這個挑戰，把手放進了牠的嘴裡。後來芬瑞爾因為掙脫不掉鐵鍊，就把提爾的手咬斷了。

提瓦茲還是「宇宙秩序」符文，特別是「以戰爭決定正義」的符文。古代北歐人認為「求戰」是榮耀之事，戰爭的日期和時間常常是事先決定。另外，用決鬥來止戰也是個慣常做法，由眾神決定交戰雙方的命運，指定勝利者。提瓦茲符文，字體像是一把矛槍，但是很多考古出土的矛槍等武器上面真的也是刻著這個符文。

提瓦茲還是「精神戰士」符文，要求我們要注意榮譽、誠實和責任感，也呼籲我們無私為高等力量服務，即使要自我犧牲也在所不辭。提瓦茲可以提高人的道德感，追求成功的意志；和索維洛符文合用時，可以賦予人幾乎無法阻擋的力量。提瓦茲提醒我們遵守諾言及誓言的重要，也提醒我們所有的行為都要有原則；面對逆境要勇敢，堅定追求公平，生活要有紀律。

占卜、組符文牌組之時如果出現提瓦茲，意思是你必須在什麼事情上堅持正確、公平和堅強。當心一些法律問題或狀況可能需要你為己或為人挺身而出。如果你目前並沒有遭遇什麼需要尋求正義的狀況，你也許很快就會碰到，但你要駕馭提瓦茲的力量撐過去。

·· 法術

從習武到法院出庭，提瓦茲適用於任何「戰鬥」狀況。碰到任何衝突事件，你都可以召喚提瓦茲來幫助你取得勝利。進入任何衝

突狀況之前，先唸誦這一個符文；參加競賽前先把這個符文寫在你將在競賽中使用的器具上面。

盧恩符文知識中的提瓦茲

提爾失去手臂，和奧丁失去一隻眼睛有異曲同工之妙。奧丁因為尋找智慧而失去眼睛；提爾則是為了確保智慧不被芬瑞爾破壞而失去手臂。事實上，芬瑞爾在「諸神黃昏」（Ragnarok）期間最後果然掙脫鐵鍊而去，沿途破壞一切，最後殺了奧丁。諸神知道芬瑞爾很可能會在九個世界製造巨大禍端，所以盡可能拘禁牠是最最重要的事情。

提爾失去手臂、奧丁失去眼睛，這兩件事說的都是以自我犧牲以確保秩序，承擔對他人的義務，忠誠於高等力量。另外我們以後還會看到在戰爭中，榮譽和律法非常重要；身為戰士，凡是懷抱榮譽感勇敢戰鬥的人，最後都會來到奧丁在阿斯加德建造的瓦哈拉廳堂。

貝卡納 BERKANA

亦寫成：Bjorken

譯為：白樺樹（birth tree）

關鍵連結字：白樺樹、生育、開始、治療

||||||||||||||||||||||||||||||||||||||||||||||||||||||||||||||||||||||||||||

•• 意義

　　簡單一句話，貝卡納是「白樺樹」符文，也就是樺樹女神貝爾卡（Bercha）或貝爾塔（Bertha）。貝卡納代表田地的成熟生育力以及一切雌性存有──包括人類女性──的生育力。（並不是說這就象徵它和非女性無關；因為其實它代表的是所有人的──一切性別的養育力、照顧能力。）

　　很多人看到貝卡納符文，都覺得這個符文代表女性懷孕期間巨大的乳房。貝卡納有時候就叫做「母親」符文或「生育」符文，意指分娩和出生，這包括真正的生小孩子和觀念的誕生。貝卡納就像是母親，既會保護自己，也會保護及帶領孩子。

　　不過，貝卡納卻有兩個面向，它不但是「出生」符文，也代表著「重生」符文。貝卡納象徵生命的「生、死、再生」大循環。確實，把白樺樹砍倒，它幾乎永遠會從樹頭再長出幼苗而重生。這是偉大的「療癒」、「再生」、「重新生長」──尤其是從原有的根「重新生

長」的——符文。就像我們經常聽說的，每一次結束都是新的開始。既然如此，貝卡納也就是在提醒我們要除舊才能布新。

貝卡納也是「蛻變」（becoming）符文。凡是出生，不管是實體的或抽象的，沒有力量的推動就無以成事。沒錯，雖然也許有外在的因素在影響，但是沒有純粹之力推動，任何人或事物都不可能開始存在。寶寶準備好了才會出生，但此時我們卻必須期望分娩者也已經準備妥當。

我們之所以會說貝卡納是「療癒」符文，是因樺樹本身就有多個療癒面向。從樺樹製造的精油，用樹葉泡的茶，都可以用於治療、鎮靜。白樺茸（chaga mushroom）只長在白樺樹上，是全世界最強的排毒超級食物。然而就像以前的人蔘一樣，白樺茸如今也是因為它不可思議的療效而遭到了過度摘採。

占卜時如果出現貝卡納，通常不代表真的會有人或動物出生，但往往保證會開始有什麼新的事物。符文占卜時出現的貝卡納不論代表什麼意義，你都一定要為新的開始做好準備，要確定你已經除去舊的，可以讓新的好好萌芽。

•• 法術

不論是關於實際的生育或是什麼新的計畫，貝卡納使用在法術上是個很神奇的符文。對於已經懷孕，即將展開辛苦時光的父母而言，在母親肚子上畫貝卡納符文會很有幫助。你也可以一邊想像自己期望的事物已經開始，一邊唸誦貝卡納符文，或者是用手指或短棒在空中畫這個符文。

盧恩符文知識中的貝卡納

　　白樺樹——也就是貝卡納符文——始終公認具有淨化力和療癒力。古代北歐文化中有很多儀式都是圍繞白樺樹進行。他們會把白樺樹枝和葉子煮成汁液，一邊用來飲用，一邊也當作清潔用水使用。將樺樹水潑灑在東西或人身上，或浸浴在樺樹水中可以驅邪。荷蘭有一種民俗儀式叫「鞭樺樹」（birching），就是用樺樹枝鞭打女人，希望她懷孕。他們還會在新婚夫婦房門口掛整捆的樺樹枝，祝他們早生貴子。用白樺樹枝做的掃把可以驅邪，在家門口掛白樺樹枝會帶來好運。五朔節（Beltane）要燒白樺樹枝，五朔節花柱往往也是樺樹枝編成。白樺樹枝在很多北歐文化中都扮演了很重要的角色；譬如愛爾蘭字母歐姆（the ogham）的第一個字母就是白樺樹枝。

依瓦茲 EHWAZ

亦寫成：Eh, Exauz, Eyz

譯為：馬（horse）

關鍵連結字：合夥、信任、忠誠、合作、移動

||||||||||||||||||||||||||||||||||||||||||||||||||||||||||||||||||||||||

•• 意義

依瓦茲是「馬」符文，也是「合夥」、「合作」、「信任」和「忠誠」符文。這個符文代表「合作」、「共事」，以「馬和騎士的關係」為象徵；這是一種「共生」（symbiosis），象徵兩個實體結合在一起，建立一個雙方互謀其利的聯盟。這種共生聯盟比起獨自一個人在世界上孤軍奮鬥要可取得多。

合夥關係應該是平等服務雙方；偏利於一方的合夥關係不是真正的合夥關係，而是一方付出的多，另一方卻得利的多。如果你曾經和馬這種動物相處，一定知道你必須尊重牠、照顧牠。你會知道人和馬真正良好的關係是一種「合夥」關係，不是「支配」關係。但如果你未曾和馬相處過，倒是可以從自己和身邊眾人的關係看到這種原理（或缺乏這種原理）。

想像現在有一個人騎著一匹馬。如果這個人和他的馬的關係是「互相尊重」的關係，那麼他們將會準確而快速的到達目的地，但

如果他們的關係是雙方都只顧自己，他們將會寸步難行。如果這匹馬不聽騎士的話，或是這個騎士會虐待馬，他們的關係當中的依瓦茲原理就失去了平衡，必須修正。這種情形，其實是這匹馬和這名騎士從一開始就不應該在一起。馬和騎士必須互相尊重，雙方才會強大起來。

依瓦茲提醒我們「界線」這一回事，告訴我們界線要畫在哪裡，還有我們為什麼必須清楚設定自己的限度。我們在給勃符文那裡也可以看到這種「正確的關係」、「平等的交換」。誰把依瓦茲能量帶到自己生活中，就等於是把給勃的能量，把「公平交換」帶到自己生活中。沒有從容鎮定的態度，就不會有正確的關係。

雙方之間正確的關係以及平衡，這種概念一樣適用於人和自己的關係。你不是只會過度驅使別人，其實也可能會過度驅使自己。依瓦茲符文固然提醒我們不要讓別人——朋友、家人、摯愛者、同事或是職場熟人——過度驅使自己，但其實也在提醒我們也不應過度逼迫自己。不要做自己最大的敵人，要做自己最好的朋友，這樣人生才會好過一些。

依瓦茲另外還意指「動態」（motion）和「變化」。我們騎著馬時，馬在我們身體下方一路奔馳，沿途的景色一直改變，就像我們在人生路上，事情一直變化一樣。依瓦茲不但和拉依多（戰車）有很密切的關係，而且還強化了「在未知之境的旅途」這種概念。我們只要置身於合夥關係中，不論這關係是哪一種，難免都會發生變化。因此，要使合作夥伴對雙方都產生最大的利益，你必須尊敬和你合作的每一個人。

•• 法術

要前往艾格德拉賽的其他世界，依瓦茲是很有用的符文；要進行催眠，探索內在情感或記憶，依瓦茲的功用也很強。不論是浪漫的、柏拉圖式戀情、法律行為或是職場上，要和人建立合夥關係時，你都可以唸誦或寫下這個符文來強化這一層關係。

盧恩符文知識中的依瓦茲

「菲爾亞」（fylgja）這個概念深深貫穿在北歐神話、靈學（spirituality）當中。菲爾亞可以翻譯為「追隨者」，是一種「協助靈」（helper spirit），通常是走在他所連結之人的前面。菲爾亞往往是動物，不過也曾發現過是「人」的菲爾亞。北歐的女巫及巫術民俗中常講的「熟悉的神」，這個概念大可以認為就是菲爾亞。

北歐神話中最有名的菲爾亞之一應屬奧丁的八腳馬史萊普尼爾。奧丁有很多助手神，史萊普尼爾是其中之一。胡金（思想）和穆寧（記憶）也是奧丁的助手，是兩隻烏鴉。史萊普尼爾是羅基的孩子。羅基先變形為母馬之後才從一匹公馬受孕。史萊普尼爾協助奧丁來回艾格德拉賽的九個世界。可以想見，奧丁雖然具有崇高的智慧、豐富的知識，但還是非常尊重史萊普尼爾。

瑪納茲 MANNAZ

亦寫成：Man, Manna, Mathr

譯為：人（Man）、人類（Mankind）

關鍵連結字：人、人道

||||||||||||||||||||||||||||||||||||||||||||||||||||||||||||||||||||||||||||||||||

•• 意義

　　瑪納茲是「人」、「人道」和「人類」符文。這個符文是以「條頓民族之父」瑪納茲命名，因此和海姆達爾有關聯。海姆達爾是艾西爾的一員，也是阿斯加德最強的衛士，亦名「人之父」（father of Men）。瑪納茲是「自身」符文，同時也是「人類」符文，代表的意義在於我們與自己的關係反映了我們和他人的關係。

　　瑪納茲是「人類狀況」符文，也是「人類狀況對我們及身邊之人的影響」的符文。瑪納茲統管人的潛力，顯示我們的人我關係對我們非常重要。沒有參與社群，和他人沒有連結，我們的力量就強大不起來。我們這裡說的「人」是單數，也是複數——人和同胞的接觸、互動，是人類生存及發達的要件。

　　你如果仔細看一下瑪納茲符文，會發覺這個符文很像兩個人面對面站著，手放在對方腰際。這是「互相依靠」符文，是透過社群送給同胞禮物。你的天賦和才能，或者是給勃符文所說的「禮

物」，都在使你成為對身邊之人有價值的人，所以和別人分享你的天賦和才能非常重要。

　　瑪納茲和依瓦茲符文一樣，常常牽涉到友誼、愛情關係還有合夥關係（事實上，你可以認為依瓦茲是瑪納茲的基礎），我們必須尊敬同胞，但同時也要尊敬自己。不論你自己知道不知道，我們都附屬於身邊的每一個人——不論實質上或形而上意義上都是。形而上學有一個概念，說我們會製造和他人連結的「繩索」（cords）或是以太式的附著（etheric attachments）；瑪納茲符文呈現的正是這一點。運用給勃和依瓦茲原理，也就是「公平交換」和「正確關係」原理，我們將得以保持自身周遭和內在能量的平衡。瑪納茲同時也告訴我們，只要不過於自私，關心自己是非常重要的。人要能照顧自己，才有辦法照顧別人。照顧自己不是自私，事實上反而是重視身邊眾人最好的方法。這是瑪納茲的要義。

　　如同我們在菲胡符文那裡所見，古代北歐人很重視財富。累積財富然後把財富和別人分享，傳送給社群是很光榮的事。財富必須回到社群，不斷地移動，才會繼續再創造財富。古代北歐人很重視「給予」，但這必須是自己擁有足夠才可以給予，所以他們才會一直努力累積財富；要有能力給周遭的人更多——這才是重要的事情。我們先是照顧好自己，因為要照顧自己才能夠照顧別人。

·· 法術

　　你可以運用瑪納茲激發出自己的潛力。每個人天生內心深處都有一種惻隱之心，願意和別人分享那份善意會使世界受益。不論是

創作、職業上的雄心，或者只是想把自己的潛力發揮到最高程度，你可以召喚瑪納茲幫助你發揮那一份人性資產，使世界──和你自己──受益。

盧恩符文知識中的瑪納茲

我們在北歐符文中看到了「重視自己」這樣的理想。偉大英雄及戰士的傳奇和頌歌讓我們知道古代北歐人所抱有的「自我實現」的理想。反過來說，對他們而言，照顧家人和社群也非常重要。

《哈瓦瑪》當中有這樣的一首詩：

財富會消失，

人會消失，

你，一樣，也會消失。

但只有一樣東西

永遠不會：

那就是你賺得的名聲。

北歐文化中那些偉大的君王、戰士或神祇都是強悍得不可思議的人物，但是他們做事情永遠不偏離社群母體。眾神和北歐文化中那些偉大的人物一樣都很有名，但是他們的偉大作為卻都不是為了自己。所有的好處都會延伸到社群之中。一個人對社群造成的改變越大，大家就越是紀念他。

拉古茲 LAGUZ

亦寫成：Lagua, Laaz
譯為：湖（lake）、水（water）、洋（ocean）
關鍵連結字：水、海、湖、洋、直覺

|||||||||||||||||||||||||||||||||||||||||||||||||||||||||||||||||||||||||

‥ 意義

自古皆稱水就是生命，這是事實，拉古茲符文代表的就是水，以及所有能使生命成長的「豐足」。古代的北歐，若有旅行，常常是經由河流、湖泊和海洋等水路，大家也都知道需要多少水才能夠維持生命。抓鬮時如果抽到這個符文，尤其是如果另外還抽到拉依多或瑪納茲，往往意味著你將會有一趟經由水路的旅程。

每一個地方都有水——我們體內有水，天上有水，地底下也有水。要了解神奇的拉古茲符文，必須先了解世界上真正的實際的水，還有人的心靈中象徵性的水。拉古茲代表潛意識以及情感狀態的起起落落。情感通常和水有關連，而情感又是潛意識領域主要的部分。我們內在都有一些看不見的泉源；拉古茲可以在我們清醒的時候，也可以在我們做夢的時候幫我們找到這些源頭。

心裡產生沉重的負面情緒之時，我們常常會感覺快要「淹沒」在這種心情當中。過於激動的時候，常常有人會形容自己「像水一

樣」（watery）——這是真的，我們很激動的時候，會忍不住流淚，不論這眼淚是快樂還是悲傷的眼淚，都是從我們內在源頭流出來的。像是 go with the flow（順流而下），像是 keep your head above water（字面意思：要把頭保持在水面以上，為努力求生之意），這些話講的都是如同水一般的情感。打從無可記憶的太古以來，我們的情感和水就已經連結在一起。

水是水土風火四大要素之一。人很難控制這四大要素，所以水也很難控制，如果是大量的水，再加上一股「力」，人就絕對無法控制。拉古茲代表的就是這有機生命的基礎。沒有水，生命無法存在。另外，拉古茲還代表生和死之間的通道。在北歐神話中，人必須越過吉歐爾（Gjöll）河，才能到達海爾（Hel）這個「亡者界域」。

水固然是這個世界的四大元素力量之一，但也可以看作是我們「地球母親」的生命血液。水和拉古茲都有女性的關聯物。北歐神話中，海洋女神涅特絲（Nerthus）的傳奇使得這種關聯更加密切。我們人主要就是水的生靈，我們腳下的地球其實也是。所以拉古茲可以解釋為是涅特絲女神的符文。祂在海洋中某個島嶼有一座神殿，古代北歐人會祈求祂護佑他們海上航行安全。

拉古茲也是心靈力量及直覺的符文。占卜的時候出現拉古茲，意思很可能就是要你信任自己的直覺，或者要你鍛煉直覺力。

•• 法術

你可以運用拉古茲發展你的直覺力或是安撫情緒。用手指在額頭上畫拉古茲，或者一邊用手指在額頭上畫拉古茲，一邊口誦拉古茲，可以增加你的力量。這個方法也可以用來解開寫作者文思阻塞之處，因為拉古茲也是偉大的「創造」符文。拉古茲幫助你療癒情緒，也和貝卡納符文一樣，可以幫你治療生殖系統，化解月經期間的不適。

盧恩符文知識中的拉古茲

拉古茲代表的是源自於尼弗海姆，而由穆斯珀之火加持能量的原始宇宙之水。因此，由於古代北歐世界是「冰和火」所造，北歐人自然就認為拉古茲是最偉大的生命運輸者及攜帶者。

北歐人的生活及神話中，處處都可見水和拉古茲。命運之井位於世界之樹艾格德拉賽下方，以水滋養艾格德拉賽。盧恩符文就是來自這個命運之井，自己從水的子宮出生，就像我們人都是從充滿羊水的子宮出生一樣。我們每個人從水來，也要回到水中——如果不越過吉歐爾河，我們都到不了「亡者界域」海爾。

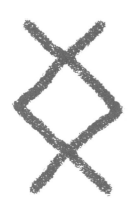

殷瓦茲 INGWAZ

亦寫成：Inguz, Enguz

譯為：殷格（Ing）、弗瑞爾

關鍵連結字：弗瑞爾、男性、雄性、種子、性、生育、祖先

||||||||||||||||||||||||||||||||||||||||||||||||||||||||||||||||||||||||||||||||||||

•• 意義

　　殷瓦茲是偉大的「種子」，弗瑞爾的符文。弗瑞爾是弗瑞雅的孿生弟弟，是瓦尼爾部落眾神之一。古代北歐人會向祂祈求作物豐收及事業興旺。歷史上，殷瓦茲代表的是宇宙間的男性能量。古代北歐人認為殷瓦茲是偉大的「生育」符文，所以非常珍視。

　　弗瑞爾的雕像常見有巨大的陽具，所以大家很容易就會認為弗瑞爾是生育之神。殷瓦茲代表這個原理，亦即性（sexuality）、生育和茁壯成長。這個符文的字體看起來很像種子，甚至有點像 DNA 螺旋。有意思的是，殷瓦茲也許可以視之為生育符文貝卡納的副本，兩個符文可以互相「滑入」，結合成聯盟。

　　殷瓦茲也代表透過血統延續的祖傳世系。殷瓦茲是如今傳承到我們身上，日後還要繼續傳承給未來世代的偉大種子。對於北歐人而言，每一個人都是家族及祖先的產物，我們的後裔則是我們這一代人的產物。這一點尤其可以從「歐羅格」概念看出來。這個概念

是說，人的命運不只是屬於他本身各種運道中的一種，也是屬於他家族中命運的其中一種。前面說過，北歐人據說會在出生時編織自己的歐羅格，而這個歐羅格雖然對個人而言是新的，但是所用的紗線卻是先於我們而有，來自於我們的祖先。

殷瓦茲還是生育符文、「加持」符文。前面討論到的貝卡納可以說是代表女性和母親，現在這裡這個殷瓦茲可以說是代表男性和父親。關於弗瑞爾雖然沒有什麼神話故事，但是我們從民間傳說中得知祂是穀神（grain god）。穀是作物及所收成的糧食，收成之後就要繼續播種，好讓作物繼續生長，長出穀糧。

殷瓦茲又名「殷」（Ing）或「殷維」（Yngvi），有人認為這個偉大的神其實就是弗瑞爾，只是換了名字。後人把殷視為「祖神」（ancestral god）或「太祖」（Great Ancestor），而整個北歐有很多部落都以祂的名號為部落名稱。另外有人說「殷」和「盎格爾」（Angles）也有關聯，因為，中古時代定居於英格蘭的日耳曼部落之一就是以「殷」命名的，「殷維」也很可能是弗瑞爾真正的名字。北歐神話中說殷維是殷菱（Yingling）家族的開基祖，殷菱是瑞典史上一個傳奇性的王朝，挪威最早期的君王是這個王朝的後裔。

‧‧ 法術

殷瓦茲可用於解決性無能等性方面的問題。殷瓦茲和耶拉符文、菲胡符文一樣，能夠幫助你在園藝方面有很大的成就，對於你其他方面的「創作」也是。因為殷瓦茲和「糧食」有關連，所以如

果在麵包製作、烘焙，甚至是啤酒釀製方面碰到問題，都可以召喚
殷瓦茲幫助你解決。

盧恩符文知識中的殷瓦茲

　　在整個北歐，不管你在哪裡或以什麼型態崇拜祂，殷
（就是弗瑞爾）都和興旺、安康與生育有關。弗瑞爾住在艾
爾夫海姆（Alfhein），那裡是精靈的家；很多人因此認為弗
瑞爾是精靈國的王。在民間故事、知識中，精靈是美麗的存
有，廣受眾人畏懼及尊敬。精靈分為兩個族群，一個是光精
靈（Light Elves），一個是暗精靈（Dark Elves）。光精靈住
在地上或艾爾夫海姆，而暗精靈和矮人一樣住在地下。光、
暗精靈都和地球有關連，都被視為生育小神、大自然小神，
也和弗瑞爾一樣因其強大的「施與受」力量備受尊敬。據說
精靈會使人生病，但也會以他們神奇的法力治療人類疾病。
冰島人一直到現代還是很尊敬精靈，建造房舍、公路時會考
慮他們心目中精靈居住地的自然條件、特質。

達嘎茲 DAGAZ

亦寫成：Dags, Daaz, Dag, Daeg

譯為：破曉（daybreak）

關鍵連結字：勝利、力量、攻擊、啟蒙

IIIIIIIIIIIIIIIIIIIIIIIIIIIIIIIIIIIIIIIIIIIIIIIIIIIIIIIIIIIIIIIIIIIIIIIIIIIII

•• 意義

達嘎茲是代表「破曉」及「白晝」、「黎明」與「黑夜屈服於白晝」、「兩點平衡」符文、「大轉變」與「新的一天」的符文。前面有說索維洛是太陽符文，現在這個達嘎茲則是索維洛帶來的「白天」符文。

古代北歐人用的是陰曆，所以黎明在他們而言是一個循環的結束，新的循環的開始。這一點在冬至（winter solstice）這一天特別明顯，因為這一天，北歐很多地方一整天都是黑夜。第十二個符文耶拉象徵夏至（summer solstice），達嘎茲象徵冬至，從這一天開始，人開始歡迎即將到來的光明。

達嘎茲是很積極正向的符文，象徵好事正對著你來。想像一下一個漫漫長夜中你走在一條很長的路上。自古以來，無論黑夜又或住在黑夜中的某些生靈便為人所懼。你走到一半，爬上一個山頭，俯瞰山谷，然後看到太陽在東邊升上了山頭。因為白天驅趕了黑

夜，以及住在其中的怪獸，所以你開始讚頌白天。這是兩個極點間的閾限空間（liminal space），在隧道的盡頭，光明隨之而至。

達嘎茲也代表靈性的啟蒙；這一點和開納茲符文很像。不過開納茲是焚毀所有和「嚴酷真相」有關連的事物，達嘎茲卻是銜接我們內心世界的對立面。我們每個人都是由理性和直覺兩種物件組成，我們唯有將這兩個部分連接起來，才會知道自己具有何種潛力。達嘎茲摻合了我們腦中分析性智力和情感、直覺和理性兩個部分。開納茲是火炬一般迅速的照明，達嘎茲則是漸次的，有時候甚至是緩慢的一種新光明，像是黎明，逐漸照亮了原先置身於黑暗中的事物。

達嘎茲也指稱一種緩慢的變化過程，這剛好和開納茲那種炙手可熱的「強烈」以及索維洛那種猛然爆發的力量相反。由於地球的軸心目前正在慢慢地傾斜，一年當中太陽也是慢慢地越過地平線爬升，所以達嘎茲就是在提醒我們好的時機和積極正向的變化會在其中一天到來。

占卜的時候如果出現這個符文，表示好時機已經在前方了。抓鬮或排符文牌時，達嘎茲如果和哈格拉茲一起出現，將會是一手神奇好牌。由於哈格拉茲象徵冰雹，也就是種種可能臨到我們頭上的自然災害之一，然而此時我們卻又獲得達嘎茲承諾黎明以及新的一天。眼前下在我們頭上的冰雹不論有多大，我們一定要知道好的時機即將到來。達嘎茲符文幫助我們面對逆境時保持一種積極的態度、堅持與毅力。

‥ 法術

　　達嘎茲用在儀式以及任何施法場合的開、閉幕，或創作計畫的開始與結束，都是很神奇的符文。這個符文能夠幫助你轉變，也能夠幫助你在實體上或情緒上轉移到比較良好的環境或境地。

盧恩符文中的達嘎茲

　　巴爾德（Balder）神是艾西爾眾神的一員，是奧丁和弗麗格（Frigg）的兒子。巴爾德以其五官俊美著稱，美到放出光芒。祂廣受眾神愛戴，身體刀槍不入，因為天地間萬事萬物都曾經向祂母親弗麗格宣誓絕不傷害巴爾德。不過，弗麗格獨獨遺忘了槲寄生（mistletoe）這種植物。大騙子羅基用槲寄生製造矛槍，送給巴爾德的弟弟霍德（Hoder）。霍德一直用這把矛槍射巴爾德，最後真的射死了祂。

　　巴爾德的死引發了「眾神黃昏」——九個世界毀滅——這一場大災難。不過，不論「眾神黃昏」使九個世界荒廢到什麼地步，經過了三個不見陽光的冬季，巴爾德復活了。祂回來之時變成了「大黎明」，照亮了整個世界。我們在這齣神話中看到的就是達嘎茲的力量；我們看到達嘎茲的力量，從此明白不論夜晚如何黑暗，天終將破曉。

歐瑟拉 OTHALA

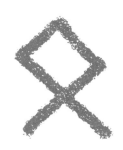

亦寫成：Othila, Odil
譯為：傳承（inheritance）、遺產（legacy）、
房地產（estate）
關鍵連結字：家族、祖先、祖宗、遺產

||||||||||||||||||||||||||||||||||||||||||||||||||||||||||||||||||

•• 意義

　　歐瑟拉是「家族」、「傳承」以及「遺產」符文。這個符文彰顯
的是我們所從屬的家族，也顯示家族傳承——包括從上一代承接以
及傳承給下一代——是我們的責任。這是你的「運命」，也是你之
所以是你的要素之一，又是你對家族貢獻的一部分。

　　在古代的北歐文化中，家族的大家長過世之後，家族中人會為
他立碑石，碑石上面刻上盧恩符文，標示這是什麼人為什麼人立的
石碑。然後他留下的房地產和遺產會分成三份，一份陪葬，一份送
到喪禮中，最後一份交給長子（房地產繼承者）。

　　歐瑟拉是古弗達克文最後一個符文。古弗達克文最後一個字母
到底是達嘎茲還是歐瑟拉，其實尚有爭論，但是大部分人還是認為
是歐瑟拉。這個符文告訴我們「家族」對於古代北歐人而言是非常
重要的，直至今天，「家族」也還是必須重視的事物。歐瑟拉之前
的符文，從菲胡開始到給勃，再到溫究，每一個都表現了全勝的能

量。對於北歐人而言，沒有什麼事情比建立富裕的農場、家庭還有社群更成功。每一個符文的能量從一開始就在往這個目標推進。歐瑟拉顯示給我們的，是我們和祖先以及從祖先所獲得之一切之間的連結。

　　歐瑟拉是傳承及親屬關係符文，是「氏族據點」（clan strong-hold）符文。歐瑟拉象徵對家族、部落忠誠的重要性。從歐瑟拉的意義來看，部落不只是家族，而且還是和自己所屬宗教、社會、學校和工作等體制或組織的連結。在那麼多事情當中，我們一定要謹記祖先的傳承。有祖先的奮鬥、戰鬥，才有今天的我們。現在有醫院、超商、餐廳等便利的生活設施，我們已視其為理所當然，但是這些都歸因於祖先為我們所爭取的。這表示我們對於自己、家庭以及社群都有一份責任，將才能奉獻給我們的部落和世界。

　　歐瑟拉可以代表家族實體的，也可以代表財物的傳承，甚至代表由父母親傳給孩子的歐羅格、運道以及命運。占卜時如果出現歐瑟拉，那是在鼓勵你記住自己所繼承的一切，莫忘自己出身的部落或家族。

　　但最重要的是，為了我們的部落和整個世界，我們要盡力使這個世界變得美好，進而光宗耀祖。生活過得自私自利，只會使我們的祖先蒙羞，白白浪費了他們的努力。歐瑟拉提醒我們的就是這些。

•• 法術

你可以運用歐瑟拉符文來強化所有和你的家族及傳承有關的一切，使家族連結更為強大。歐瑟拉和阿爾吉茲符文合用，可以保衛家門，召喚和口誦歐瑟拉可以和祖先通靈。

盧恩符文知識中的歐瑟拉

古代北歐文化中，他們的住家建築形式叫做「長屋」（longhouse）。他們行農事，餵牲畜，以長屋為「總部」，而他們的家族由幾個家庭組成。我們現在對於北歐的「家族」所知的一切，大部分來自冰島傳奇故事。這種大家族由數對夫妻和他們的孩子組成，形塑了整體北歐文化。他們的夫妻配對方式很可能包括夫妻兩人之中要有一個是家族內其餘夫妻當中某一人的血親。

人死後若不是火化，便要連同他生前經常使用的物品陪葬。富有的人有時候會裝在船裡，以奴隸、武器和馬匹等物品陪葬。這顯示他們很重視實體財富，所以一定要以這些財產陪葬。

未來的追求

　　我們的旅程已經結束，感謝各位的參與。現在各位已經比較了解盧恩符文的奧祕及法術了，但是我還是要提醒各位這只是一次「終生追求」的起點，宇宙間那些巨大的潛在力量還有待我們更近一步理解。

　　我們發現了古代北歐人的神話。我們遇見了艾西爾部落和瓦尼爾部落中那些偉大的神、女神。我們和奧丁同行，盡力了解索爾，還目睹了弗瑞雅和符瑞爾的慈悲。我們經過各個年代發現了盧恩符文的歷史，也發現了符文在各個時代的轉變。你已經會自己製作盧恩符文牌，知道怎麼擲符文牌，還有可以用符文牌為身邊的人做什麼事。你應該感到自豪，因為這種智慧只會使你更加強大，你的人生將會因此而過得比較輕鬆。

　　請你隨時都做符文筆記。我自己就是經常做筆記而發現了很多符文的奧祕。我每天的早課，有一部分就是抽一張符文牌，請求奧丁告訴我這一天將會過得如何，應該當心什麼、覺知什麼事情。盧恩符文一直都是一群堅定不移、不可思議的盟友，不但使我生活過得比較順利，碰到平常我會覺得很吃力的什麼狀況時，也會幫助我提升能量去面對，讓我有能力堅持下去。不僅早課時抽的符文牌要做筆記，為自己、朋友和家人排符文牌也要做筆記。另外也要常常到大自然環境中散步，在樹木、石頭或溪流間尋找符文。抬頭看雲也可以找看看有沒有符文。凡是和符文有接觸，都要盡可能記錄下來。

奧丁當年在世界之樹下追尋盧恩符文，至今也還在艾格德拉賽九個世界中繼續追尋，所以你也要繼續在自己身上以及周遭的世界中持續追求知識和智慧。我鼓勵各位持續每天抽一張符文牌；我鼓勵各位生活上碰到阻礙或困難時抽符文牌；也鼓勵各位自己做符文牌組，希望各位能夠善用這種振奮能量幫助朋友、家人和摯愛者，讓他們找到清明的智慧，克服人生中所有的挑戰。符文曾經幫助我們了解這個世界，但更重要的是，它幫助我覺察未知的自己。

　　我希望這本書只是你這一場旅程的第一步。

資料來源

《奧丁話語：給客人、流浪者和智慧追尋者的諮詢及建議》

（*The Words of Odin: Cousel and Advice for Guests, Wanderers and Seekers of Wisdom*）

作者：羅賓‧阿提森（Robin Artisson）

- 在北歐研究（例如本書）、靈修以及巫術方面，羅賓多年來一直是我的好老師。這版的《哈瓦瑪》（Hávamál）是因應當前這個時代的需要所做的新譯本，值得花時間閱讀。由於最初的《哈瓦瑪》是挪威文本，所以閱讀各種翻譯本會使你比較了解原本的《哈瓦瑪》。

《奧丁：狂喜、盧恩符文與北歐法術》

（*Odin: Ecstasy, Runes & Norse Magic*）

作者：黛安娜‧帕克森（Diana L. Paxson）

- 這本奇妙的書讓現代讀者很輕鬆的了解了奧丁。這本書探討了奧丁的歷史，還有祂出現在神話及現代媒體中的形象。作者收入了各種儀式、運動還有音樂，讓我們對這位很複雜的神有進一步的理解與認識。

《維京之歌：斯諾瑞與北歐神話的成形》

（*Song of the Vikings: Snorri and the Making of Norse Myths*）

作者：南希・瑪麗・布朗（Nancy Marie Brown）

- 本書揭露了斯諾瑞・史圖爾盧森（Snorri Sturluson）的一生及其時代，顯示他和他所描繪的眾神一樣，原是放蕩不羈之人。《散文艾達》和《詩體艾達》就是他帶來給我們的。本書說的是他一生的故事，有助於我們了解他的生活、環境還有文化，而了解這些，反過來又能夠幫助我們了解他所說的那些故事。

《光明使者沉思錄：盧恩符文、賽德與阿薩特魯密教：一名北歐巫師或薩滿的思考》

(Vitki Musings: Runes, Seidr, and Esoteric Asatru: Thoughts of a Norse Sorcerer or Shamman)

作者：克特・胡格斯特拉（Kurt Hoogstraat）

- 我跟克特上過課。從了解盧恩符文，到進入出神狀態神遊九個世界，這些旅程都受到了他的幫助。本書是一本價值非凡的指南，有助於讀者了解盧恩符文在我們身上產生的內、外在作用，同時也了解現代的阿薩特魯密教的型態。

《二十一世紀賽德：現代希任法師及阿薩特魯密教手冊》

(The 21rst century Seidr: A Workbook for the Modern Heathen and Asatru)

作者：艾薇・穆里根（Ivy Mulligan）

- 如果沒有艾薇・穆里根，我不知道現在我人會在哪裡。我報名參加她的一年期薩滿巫術課之後，發覺她所傳授的東西和她多

年的經驗真的寶貴非常。身為一名現代異教及阿薩特魯密教的重要專家，她藉由本書和讀者分享了她一生的經驗。

《艾格德拉賽的種子》
(The Seed of Yggdrasill)
作者：瑪麗亞‧克維爾郝格（Maria Kvilhaug）

▪ 作者以其一生的努力而成了她這個領域的專家，本書就是這樣一位專家對古代挪威神話全面觀照的研究及翻譯著作，具有難以置信的啟發性，而且還是一座資料寶窟，不但會擴展你的眼界，而且還會對你目前的認知以及之前學習的東西構成挑戰。

《北歐奧祕及法術：盧恩符文與女性力量》
(Northern Mysteries and Magic : Runes & Feminine Powers)
作者：弗瑞雅‧亞斯文（Freya Aswynn）

▪ 本書於一九九八年出版之時，不但前所未有，而且立即成為經典。這本指南呈現了作者對於盧恩符文以及古挪威眾神豐富的知識和專業學識。另外，本書還能夠幫助你探索薩滿的出遊（journeying）、擊鼓（drumming）以及持咒（chanting）等情境，深入探討法術中所用的盧恩符文和籤條和印記等。我高度推薦本書！

《散文艾達》

（*The Prose Edda*）

作者：斯諾瑞・史圖爾盧森（Snorri Sturluson）

- 本書是斯堪地那文學當中最著名，眾人最喜歡的作品之一，早已成大家最常查閱的挪威神話參考書，其中所說的故事也已經成為所有奧丁、索爾以及挪威諸神神話最為人所知的源頭。

《詩體艾達》

（*The Poetic Edda*）

譯者：傑克森・克勞復（Jackson Crawford）

- 這是斯堪地那民俗知識另一個著名的源頭，其中一些重要的詩作也是挪威神話的主要源頭，在這裡你會發現拉格納洛克的先知佛魯斯巴（Völuspa）以及獨眼奧丁的參議（counsel）哈瓦瑪。

《盧恩符文及其法術大書》

（*The Big Book of Runes and Rune Magic*）

作者：艾德瑞・托爾森（Edred Thorsson）

- 艾德瑞・托爾森是著稱於世盧恩符文學最權威的學者之一，研究並出版盧恩符文學著作已有數十年之久。這本指南提供了盧恩民俗知識方面的資料，以及如何解釋符多準則，還有盧恩符文法術和抓鬮的深度練習。

《運用盧恩符文：盧恩符文咒語、儀式、占卜與法術完全指南》

(Taking Up the Runes: A Complete Guide to Using Runes in Spells, Rituals, Divination, and Magic)

作者：黛安娜‧帕克森

- 這是我會常常拿出來重讀的書籍之一，內容有針對個別符文的深度分析，還有一些很奇妙的擲符文牌抓鬮、施咒，對個別符文行特定儀式的方法。

《北歐盧恩符文》

(Nordic Rune)

作者：保羅‧瑞斯‧蒙特福（Paul Rhys Mountford）

- 我剛開始看盧恩符文方面的書時，本書是其中最簡單，最易讀的一本。這本書讓我對每個符文有了一些認識。本書另外還簡單敘述了個別符文背後的挪威神話，讓讀者進一步理解了盧恩符文的起源。

《維京精神：北歐神話與宗教概論》

(The Viking Spirit: An Introduction to Norse Mythology and Religion)

作者：丹尼爾‧麥考伊（Daniel McCoy）

- 這本書很容易讀，內容分為兩個部分，一個是挪威宗教，另一個是挪威神話。「挪威宗教」部分告訴讀者古代挪威人如何看待眾神、命運、死亡和法術。「挪威神話」部分敘述了挪威眾神、女神，及其事蹟的故事。

致謝

　　首先，我要感謝我的家人在連我都不相信自己的時候相信我，支持我。我感謝我的父母辛勤工作，給我最好的生活。我感謝我的兒子賽奎亞（Sequioa）讓我的父職成為我體驗過的最大歡樂。感謝我的先生艾薩克給我無限的愛和鼓勵，並且幫助我看見我的潛能。

　　我非常感謝凡尼莎‧塔（Venessa Ta）以及卡利斯托媒體出版社（Callisto Media）的朋友們。他們不但相信我的潛力，還幫助我撰寫出這一本書。我希望這本書可以幫助無數走在探索自我之路上的朋友。

　　謝謝我這一路上結識的朋友、老師，包括艾薇‧穆里根、克特‧胡格斯特拉、克里斯婷娜‧馬維爾（Christina Marvel）、懷爾德‧杭特（Wylde Hunter）。他們在不同的程度上讓我了解了盧恩符文以及斯堪地那維亞傳統的各方面，讓我發現了民俗知識、賽德魔法和符文之中無數精妙之處。

　　還有數千位曾經把握機會來我這裡接受符文解讀的朋友：如果沒有你們大家的支持，就不會有這本書。希望我曾經觸動你們的生命，就如同你們曾經觸動我的生命一樣。

　　我還要感謝一路上照管我的男女眾神。從奧丁到弗瑞雅，從提爾到索爾，祂們在我的人生路上都以祂們各自的方式出現在我們生活當中，沒有祂們，就沒有今天的我。

　　最後，我要感謝的就是盧恩符文。我感謝符文的法力及奧祕。希望符文永遠陪在我身邊，希望它們永遠能夠進入眾人的生活中，更希望眾人的人生都因為符文的影響而漸入佳境。

作者簡介

　　靈媒喬森·西蒙在新英格蘭（New England）北部出生成長。一開始他只是研究自己的祖源，後來才發現符文。發覺自己的北歐及凱爾特祖源之後，他開始潛心研究符文，自此逐漸發掘了自己的天賦。到現在為止，他已經用符文為全世界各地數千位人士做過靈訊解讀（Psychic reading）和通靈。詳情請至 JoshSimonds.com 查詢。

盧恩符文初學指南

出　　　　版／楓樹林出版事業有限公司
地　　　　址／新北市板橋區信義路163巷3號10樓
郵 政 劃 撥／19907596　楓書坊文化出版社
網　　　　址／www.maplebook.com.tw
電　　　　話／02-2957-6096
傳　　　　真／02-2957-6435
作　　　　者／喬森・西蒙
譯　　　　者／廖世德
企 劃 編 輯／陳依萱
校　　　　對／周佳薇、周季瀅
港 澳 經 銷／泛華發行代理有限公司
定　　　　價／420元
初 版 日 期／2021年10月

國家圖書館出版品預行編目資料

盧恩符文初學指南/ 喬森・西蒙作；廖世德
譯. -- 初版. -- 新北市：楓樹林出版事業有限
公司, 2021.10　面；　公分
ISBN 978-986-5572-57-0（平裝）

1. 符咒 2. 占卜

292.95　　　　　　　　　110012977